在婚姻中成长

Growing up in Marriage

夫妻如何成为一辈子的情人

秦 瑶 ♥ 著

中国商业出版社

图书在版编目（CIP）数据

在婚姻中成长 / 秦瑶著. -- 北京：中国商业出版社, 2019.10
　　ISBN 978-7-5208-0909-2

Ⅰ. ①在… Ⅱ. ①秦… Ⅲ. ①婚姻－通俗读物 Ⅳ. ①C913.13-49

中国版本图书馆 CIP 数据核字(2019)第 208155 号

责任编辑：刘万庆

中国商业出版社出版发行
010-63180647　www.c-cbook.com
（100053　北京广安门内报国寺 1 号）
新华书店经销
三河市长城印刷有限公司印刷

*

710 毫米×1000 毫米　16 开　12.5 印张　155 千字
2020 年 1 月第 1 版　2020 年 1 月第 1 次印刷
定价：48.00 元

* * * *

（如有印装质量问题可更换）

前 言

钱钟书在《围城》里说,婚姻就像一座围城,城外的人想进去,城里的人想出来。

恋爱中的男女,都是充满激情的,都是感情四溢的,都渴望通过婚姻来稳固彼此的关系。可是,真正进入这座城堡之后,情况又会如何呢?

在最初的恋爱时光,激情可能会存在,可是一旦生活回归到正轨,充斥其中的就是:繁忙的工作、纷乱的家务和吵闹的孩子……而所有这一切麻烦的解决,依赖的并不是感情,而是理智。一旦理智占据了生活的大部分,婚姻也会渐渐变得枯燥,甚至麻木,而这也正是婚姻的常态。

可是现代生活,我们的婚姻需要充满乐趣,而不是索然无味。

生活需要情趣,寡淡如水的日子,只能让人们逃离。

生活需要激情,平淡无波的日子,只能让人们敷衍。

生活需要惊喜,一成不变的日子,只能让人们厌烦。

……

那么,如何实现这一点呢?如何才能让婚姻生活过得有滋有味?答案就是,做情人!

说到情人,很多人可能会嗤之以鼻,有些人甚至还会厌恶唾弃。但对

于婚内出轨人士来说，既然已经结了婚，有了伴侣，为何这些人还要找情人呢？原因不外乎以下几点：情人浪漫、幽默、温柔，他／她们善解人意、宽容大度，对另一半有更多的耐心和理解……

但在我们的现实生活中，当男人工作一天拖着疲惫的身体回到家的时候，妻子却还要吩咐他做这做那；当女人为家人忙碌了一天的时候，老公却袖手旁观……长此以往，有些人就会出去找情人倾诉他（她们）心中的不快，以释放心中的疲累和压力。夫妻和情人的区别就在于，夫妻是现实的、负重的，情人是浪漫的、轻松的。只有情人式的老婆才能套牢男人的心，只有情人式的老公才能套牢女人的心。

无疑，婚姻需要男女双方共同努力，用心经营。只有不断提高自己，用心善待另一半，维护婚姻和家庭，这样才会减少摩擦和误解。

恋爱的本质就是彼此凝望，彼此欣赏，彼此回馈。如此，和谐的婚后生活才会相敬如宾，彼此像情人一样对待彼此。

谨记：婚姻永葆青春的秘诀就是要做一辈子的情人！

目录

女人篇

第一章 幸福自己
一、学习是增进感情的催化剂　　2
二、打造浪漫主旋律　　5
三、腹有诗书气自华　　10
四、撒娇无极限　　14
五、施展魅力，做个优雅动人的太太　　17
六、永远都要温柔一些　　19
七、多些幽默感　　23

第二章 幸福老公
一、相信自己的选择　　28
二、爱上他的缺点，包容他的不足　　31
三、与老公形成共振　　35
四、保留空间，给他自由　　39

  五、宽容他的平凡　　　　　　　　　　43
  六、依赖老公，做一枚小女子　　　　47
  七、学会沉默，停止唠叨　　　　　　51
  八、倾听是增进感情的最佳途径　　　54
  九、赞美、鼓励你的爱人　　　　　　57

第三章 幸福婚姻
  一、保持夫妻间的神秘　　　　　　　62
  二、婚姻里没有谁对谁错　　　　　　64
  三、冷静处理婚姻中出现的问题　　　67
  四、神秘的距离　　　　　　　　　　72
  五、有一种出轨，叫作"被妻子逼得出轨"　75

第四章 幸福家庭
  一、两个人的事两个人来解决　　　　82
  二、重视家庭气氛的打造　　　　　　86
  三、妻子要甘做大姐　　　　　　　　89
  四、协调好与长辈之间的关系　　　　91
  五、聪明妻子会理财　　　　　　　　94
  六、成为老公背后的伟大女人　　　　96

男人篇

第五章　提高自己
- 一、有上进心的男人最有安全感　102
- 二、成熟的男人做事有原则　105
- 三、有耐心的男人，会让女人更幸福　108
- 四、善良的男人，多了三分感性　111
- 五、可靠的人品，让心爱的人更有安全感　113
- 六、在事业上，有人生目标和理想　116
- 七、善于反省，善于总结和学习　118

第六章　体贴妻子
- 一、既然选择了她，就要信任她　124
- 二、体谅妻子的难处　127
- 三、懂得欣赏和赞美老婆　130
- 四、一心一意宠她爱她　134
- 五、不要摆脸色给妻子看　138
- 六、包容女人一切无理的举动　139

第七章　打造婚姻
- 一、婚姻里，学会善意的谎言　148
- 二、承担婚姻中的责任，给妻子可靠的肩膀　151
- 三、背叛婚姻，后果无法承受　154

四、任何理由都不是出轨的借口　　156
五、少些隐瞒，对妻子诚实以待　　159
六、完美婚姻，千万别少了"性"奋剂　　163
七、别试图用"性惩罚"解决矛盾　　166

第八章　和谐家庭

一、遇事有主见　　172
二、适当的"妻管严"没什么不好的　　175
三、别为了赚钱，忽视了家庭　　177
四、读懂妻子，从听懂她的抱怨开始　　181
五、别为事业，将孩子扔给妻子　　185
六、不要让家务困扰夫妻的情感　　187

后　记　　190

女人篇

第一章　幸福自己

一、学习是增进感情的催化剂

  人的一生是不断学习和成长的，我们每天都要吃饭，才能满足基本的物质需求；同样，我们每天只有持续不断地成长，才能让精神变得饱满。只要集中精力去做一件事情，就不会产生饥饿感。比如，集中精力阅读一本好书时，即使过了吃饭的时间，也不容易察觉。为什么？因为学习者的精神世界是充实的。

  多年不见的表姐从英国回来，我们两人相约一起喝咖啡。看到她的一刹那，我满脸的惊讶，35岁的她，不仅要照顾两个小孩，还开着一家网店，竟然比十年前还显年轻。不是靠胶原蛋白撑起来的年轻，而是整个人都充满了活力。我就问她是如何做到的。

  表姐说："我啊，学习！学习怎么带孩子，学习怎么工作。我婆婆不给帮忙带小孩，你表姐夫又早出晚归，一点忙都帮不上。第二个孩子刚出生时，我也感到非常无助，如同一脚踏进深渊，甚至怀疑自己的选择是不是错了。为了改变这种状况，我决定开始学习。二宝断奶后，我每个周末都去跟一个意大利师傅学做甜品。接触了新事物，心情反而开朗了很多，每周都期待自己能再进步一点点。三年前，我开了自己的网店，如今年营业额已经达到百万，自己想去哪儿，只要买张机票就能走。我觉得人生才刚刚开始，想要体验和学习的还有很多。"

时刻保持着学习热忱，保持着对未知世界的探索欲，能让步入中年的我们更加充满朝气。这种朝气有着极强的感染力，像一种邀请，能带着我们尝遍人生的各种精彩。

女人是从什么时候开始变老的？不是从长出皱纹开始，也不是从不再爱美开始，而是从不愿意接受新事物、不愿意学习开始。女人变得越来越庸俗，往往开始于她的眼界变得越来越窄、思维层级越来越低。整天沉浸在琐碎事务中，只关心蔬菜价格、婆婆的脸色、老公的手机，自己就会变成庸俗和琐碎的一部分。

学习让我们更专注，让我们更愉悦，让我们的精神世界更独立，继而让我们散发出独特的魅力。记住：让女人保持年轻，靠的不是面膜，不是明星同款妆容和包包，而是学习。

在都市剧《欢乐颂》里，曲筱绡的原生家庭异常复杂，但她依然活得丰富多彩，朋友往来络绎不绝。她每天都很忙，要么忙着跟朋友吃喝玩乐，夜夜笙歌；要么忙着结伴去旅行……就是这样一个富家小姐，居然在一次酒后哭着说："你知道吗？夜深人静的夜晚，我会无故生出一种空虚和寂寞，整个人像悬浮在半空中，找不到落脚点。"

遇到帅哥赵医生后，曲筱绡立刻变成了撒娇小女人，各种撒娇手段频频出手，两人很快相爱。但相爱容易相处难，赵医生是典型的学霸，她却是混世魔王；她喜欢泡吧喝酒，赵医生却喜欢莎士比亚和王小波。朋友告诉她："多看看书，它能让你安静，让你从容，让你从无到有。"

后来，曲筱绡逐渐减少了交际与应酬，将更多的心思花在自己及身边更重要的人身上。下雨的时候，她会一个人静静地在书房里看书；天气不错，她就到图书馆读书；闲暇时，就约朋友谈谈人生和理想……再见面

时,她已经变了很多,往日叽叽喳喳的小女孩变成了安静的人。

某天闲谈,曲筱绡说:"我喝过女儿红、宁夏红,也喝过芝华士和威士忌,但再浓烈的酒带来的后劲都不如书带来的强烈,因为薄醉的女人迷人却肤浅,而读书的女人带来的质感却是永远。"

英国小说家、剧作家毛姆说过:"世界上没有丑女人,只有不懂如何使自己看起来美丽的女人,时髦的装扮可以让女人变得漂亮,但最大的美丽还是内在修养,多读书,就能培养一种区别于他人的品位和修养。"世界上没有两片相同的树叶,同样也没有两个相同的人。我们只能改变自己,而不能改变他人或世界。

学习,可以开阔视野,让我们看到大千世界芸芸众生。学习,可以充实头脑,对知识进行投资,会让我们得到最丰厚的回报,让无聊肤浅的头脑变得理性知性,让我们的思维更敏锐,谈吐更脱俗。

学习,可以让智慧引领我们走出纠结与迷津,逐渐看清自己真正的需求,找准自己的位置,改善我们和身边人的关系,从而更容易轻松满足。

学习,可以扩展人脉、增加机会,既会结识更多有同样价值观和爱好品位的朋友,也会让自己的才华和能力得到展现,从而获得更多的信息交流和更多的发展机会。

学习,能够不断提升我们的价值,让我们重拾自信,提高实力,找到自我价值,更加爱自己!

女人要想成为男人一辈子的情人,就要将学习放在首位,不断成长。

事实证明,家庭幸福的 80% 都取决于女人,一个好女人能够旺三代。女人优秀了、成长了,孩子、老公、老人都会在潜移默化中受到积极的影响。这样的女人,谁不爱?

二、打造浪漫主旋律

每个女人都对浪漫的爱情和婚姻充满了向往。浪漫是爱情的保鲜剂，更是婚姻生活中的润滑油。多一些浪漫，就会少一些烦恼和苦恼。

常言道"相爱容易相守难"。走进婚姻，每个人的路才刚刚开始，保持热恋时的浪漫，可以让婚后琐碎、平淡的生活更加新鲜美好，只要时时有惊喜，日日有新意，男女的相守自然就容易很多。所以，适当的浪漫是婚姻生活的必杀技。

代露四十多岁，看起来却像二十多岁的少女，浑身上下都充满了活力，脸上总是洋溢着笑容，那是一种由内而外散发出来的幸福味道。

代露是个非常浪漫的人。春暖花开的时候，她会挽着老公的胳膊踏过青青草地，穿过漫漫花海；喜气洋洋的节日里，他们会参与各种热闹，或品美食，或赏花灯。

代露非常喜欢拍照，遇到美好的东西，她都会立刻按下快门。在他们的相册里，满满的都是甜蜜，或牵手，或依偎，眼神中都是浓浓的爱意。

在代露的影响下，每一次节日，老公都不会忘记。即使工作再忙，也会提前订好鲜花、巧克力或者礼物，因为代露喜欢这种仪式感。在结婚二十周年的时候，他们还带着上大学的女儿一起拍了婚纱照。

有一次跟代露聊天,朋友无比羡慕地说:"代露,你真幸福,真浪漫!"

代露笑着说:"你还年轻,以后你就会明白,日子都是一地鸡毛,但要懂得抓住浪漫,多看事物美好的一面,记录下每一次快乐的时光。"

懂得浪漫的女人,多半都是懂生活的女人。

即使每天面对各种琐事,无法摆脱现实的束缚,但她依然能够用浪漫包裹自己的生活。

浪漫是在洒满月光的晚上和爱人一起赏月,是轻轻的一声问候,是递到爱人手心的一杯热茶……这种浪漫虽然简单、微小,却能在不经意间点缀我们的生活。不想让自己的爱情和婚姻变成波澜不惊的死水,就浪漫一些吧!

以柔和老公已经结婚两年多了,但她感到一点都不幸福。虽然老公对她百依百顺,虽然她收入不错,但她总觉得生活中缺少了什么。没事的时候,以柔总会想起恋爱的日子。那时候,老公会在某一刻忽然出现在她面前,手捧鲜美的玫瑰。之后,两人就会去咖啡馆、酒吧、电影院,她觉得自己是最幸福的女人。

结婚后,老公再没给以柔买过玫瑰,每天下班的时候手里拎着的都是一些蔬菜或生活用品,他们再也没去过电影院或咖啡厅,甚至餐馆都很少去,偶尔去一次也是去大众餐馆。

以柔感到很失落,为了重新拾回浪漫,她就找些诗歌来读,而这些并没有让她快乐起来,相反她越发觉得自己很不幸福,她觉得婚姻是爱情的坟墓!

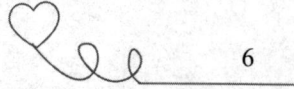

想到这儿，以柔也被自己的想法吓了一跳，难道自己不爱老公吗？自己不是希望与他一起生活吗？偶然间，以柔在书中读到这样一句话："草地上开满了鲜花，可牛群来到这里所发现的只是饲料！"她明白了，原来缺乏浪漫会使婚姻变得毫无情趣。从那以后，以柔不再抱怨，开始努力营造浪漫。

以柔去超市买了很多东西，还到花店买了鲜花，回来后把鲜花插到花瓶里，又做了一顿丰盛的晚餐，点上蜡烛，等待老公回来。老公一进屋就被眼前的景象惊呆了：屋顶飘着很多气球，烛光摇曳，室内修饰绚丽，以柔深情地抱着老公，她感觉到了久违的幸福。

后来，以柔总会不时地营造各种浪漫，也会买点小装饰物摆放，甚至买回几条小鱼等。他们似乎又重新回到了恋爱时，受她的感染，老公也会偶尔下厨做一顿大餐，还会买花、买音乐会门票。

没花多少钱，他们就找回了从前的感觉，两人喜不自胜，逐渐养成了制造浪漫的习惯。

奇妙的生活情趣，不需要等着男人给予，女人也能制造一次简单的浪漫，让自己找到久违的幸福和快乐。

女人喜欢浪漫，男人则喜欢浪漫的女人。现实生活中，很多夫妻感情破裂，多是因为忽略了感情的细节，没有用心去体会浪漫营造的氛围。

浪漫就在生活的点滴中，生活也会因为有了这些小小的浪漫而变得生动异常。

浪漫，是晚饭后两人一起依偎在沙发上看电视。

浪漫，是老公加班回到家，桌子上准备好的一桌菜。

浪漫，是老公生气时，你留给他一张逗他开心的小纸条。

浪漫，是在一个阳光明媚的午后，两个人手牵手去公园散步。

浪漫，是两人倚靠在咖啡厅，看着自己喜欢的书，然后抬起头，目光相接，彼此微笑。

浪漫，是出现在平淡生活中的一次精彩旅行。

浪漫，是两个人静静地待在属于彼此的空间里，默默不语，静静地享受默契。

浪漫，会让我们的生活变得更加轻松惬意，会让我们的感情越来越亲密。

婚姻并不是爱情的坟墓，懂得浪漫的女人，完全能将婚姻变成爱情的延续。

当爱情的激情过后，一切都会归于平淡。没有了花前月下的耳鬓厮磨，没有了一日不见如隔三秋的思念，取而代之的是柴米油盐的烦心琐事。不懂浪漫的女人，生活也会无趣很多。

女人天生就喜欢浪漫，更要把握好浪漫的尺度。不能浪漫一时，很快又淹没在琐碎的生活里；更不能浪漫过火，逼着老公逃跑、窒息。

浪漫的方式有千万种，关键看女人有没有浪漫的细胞。

1. 熟记孩童时代的游戏

我们都是大小孩，为了让生活多彩一些，可以将小时候玩过的游戏，如捉迷藏、吹泡泡、折纸船等拿出来，重新玩一遍。如此，老公看你的眼神也会立刻由审美疲劳的老夫老妻，变为记忆深处水灵鲜嫩的青梅竹马。

2. 给爱人起昵称，越多越好

浪漫的女人，都会给爱人起个昵称，比如，宝贝儿、乖乖、亲爱的……这些昵称，不是某个人的专利，任何人都能这样叫。昵称只要不带侮辱性，只要可爱一点，他一般都会很喜欢。当然，绰号只能在两人在一起的时候使用，不适合出现在公共场合。

3. 创造浪漫环境

浪漫氛围的营造，是打造浪漫的必然步骤。如何做到这一点呢？

（1）办个烛光晚餐。周末的时候，可以为爱人煮一顿丰盛的晚餐或跟他一起去他最喜欢的餐厅等。精心营造一个浪漫的氛围，来一瓶纯酿红酒，点上带有香气的蜡烛，随着音乐的缓缓升起，劳累了一天的爱人，就会如坠仙境，浑身放松下来。

（2）布置浪漫满屋。卧室是家中最适合情调的空间，随着季节的变化、心情的变化，要不断地更换床罩、窗帘等的风格，营造出不同的风情场景，让平淡的生活充满创新。晚上睡觉的时候，也不要总是穿一成不变的睡袍，完全可以换上柔软的真丝睡衣，精心装扮一番，谈论一些情趣话题，如此更能激荡他的心扉。

4. 利用时间节点来创造浪漫

发挥你的想象力，找出庆祝的理由，就可以浪漫一把。比如，节日、假日、工作做出成绩等，这些时间节点都是创造浪漫的好时机。当然，最重要的结婚纪念日，绝对不能遗忘，它能使你们想起当初新婚触电的感觉。

其实，浪漫就这么简单。没有情趣的女人只能做个老实的妻子，聪明的妻子最会变换浪漫的花样，为婚姻添上绚丽的一笔。偶尔创造惊喜，就能给平凡的婚姻生活添加不少色彩。

三、腹有诗书气自华

俗话说："腹有诗书气自华。"如果女人长得异常美丽，却缺少书籍的陪伴，就会失去七分的魅力和韵味。有些女人有着自己不同的品位，她们会将买化妆品和时装的钱拿来买书，书就是她们的时装和化妆品。即使穿着普通、素面朝天，但是走在花团锦簇、浓妆艳抹的女人中间，她们依然会显得鹤立鸡群。是什么让她们拥有了独特的魅力？是气质、是修养、是浑身散发出来的书卷味！

女孩凡蕊出生在四川的一个农村，母亲体弱多病，父亲脾气暴躁，家里整天都弥漫着阴沉的气息，仿佛暴风雨即将来临。凡蕊的成绩很优秀，但并不讨人喜欢，她最大的爱好就是阅读，最大的梦想是离开家。

十七岁时凡蕊考进一所不错的大学，修古典文学专业。成为大学生后，她没有死啃教科书，而是没日没夜地读狄更斯和托尔金的作品。毕业后凡蕊连续换了几份工作，薪水微薄，和男友租房子居住。二十五岁那年，凡蕊母亲病逝，父亲再婚，父女不再来往。

二十七岁时凡蕊结婚，生下一个女儿，但老公家暴，她不得不带着女儿逃到另一座城市，一边东躲西藏，一边起诉离婚。由于带着孩子，她找不到全勤工作，只能做兼职，后来甚至还患上了严重的抑郁症。不到三十岁的她，仿佛被命运彻底打败。

在灰色的日子里，凡蕊唯一的乐趣就是阅读和写作。她一边带孩子，一边读书。之后，开始编撰小说，频频在网上投稿。她的小说受到读者的喜爱，她用文字赚了钱，日子一天天改善，人也鲜活了很多。

由于整天都沉浸在阅读和写作中，她的身上散发出了浓浓的书香味。这是一种不被外人道的味道，令人愿意亲近。一位读者被她的书卷气所吸引，开始追求她，最后两人结婚。

我们无法决定自己的出身、家庭、相貌、智力，也无法决定读什么样的学校，做什么样的工作，跟什么样的人相遇，过什么样的生活，但是却可以决定自己想要成为什么样的人，怎么做能够让自己的心灵飘满书香。

你可能相貌平平，拿着普通的薪水，过着一成不变的日子；但在精神的国度里，书香满溢的你，却可以尽情驰骋，跟最杰出的头脑交流，与最有趣的灵魂对话。

在这个世界上，长相漂亮的女人很常见，难得的是内外兼修的女子。不仅外在美丽，内在也丰富的女人，才是真正的女神。目睹优雅聪慧的张璐，韵味十足的董卿，我们就能明白一件事：腹有诗书气自华，岁月何曾败美人？

在中国诗词大会上，选手王若分引用张潮的《幽梦影》中的诗句来赞美董卿："所谓美人者以花为貌，以鸟为声，以月为神，以柳为态，以玉为骨，以冰雪为肤，以秋水为姿，以诗词为心，吾无间然矣。"这些美得心动的句子确实是对董卿最好的诠释。

在节目中，董卿脱口而出作家博尔赫斯的诗作："上帝给了我浩瀚的

书海,和一双看不见的眼睛,即使如此,我依然暗暗设想,天堂就是图书馆的模样。"

董卿玲珑剔透的诗词心和高贵优雅的气质,都是在日复一日的阅读中修炼出来的,她的生命创造了无限可能。

岁月会把单纯的少女变成妇女,而读书却会让我们成为自己喜欢的人。中国现代著名作家林语堂曾说:"自由地看书读书,可以开茅塞,除鄙见,得新知,增学问,广见识,养灵性。"被书香包围的女人,心思细腻,性格温婉,知书达理,谈吐优雅,端庄大方,卓然不凡,无论何时何地都会令人眼前一亮。

女人的花容月貌会被岁月带走,绚烂的青春也会随着时间流逝,但书本和知识却能让她得到修炼与沉淀。有魅力的女人经得起岁月的考验,即使有一天红颜老去,依然能彰显迷人的气质,这种气质就源自"书香"。

法国著名作家罗曼·罗兰说:"书让女人变得聪慧,变得坚韧,变得成熟。使女人懂得包装外表固然重要,而更重要的是心灵的滋润。和书籍生活在一起,永远不会叹息。"读书、爱书,并在书中品味生活的女人,心中必然怀揣梦想,即使是棵小草,仍能创造自己的芳菲和生活乐园。

爱读书的女人,做事的时候会思考,会有更多的灵感和创意;遇到难题时会想很多解决办法,会用最快的速度抓住要点,在一团乱麻中找到头绪,运用智慧解决问题。

好的书籍是一面镜子,通过这面镜子,我们能重新认识自己。与其停在忧郁的世界里,不如把忧郁的时间和精力用来读书,让自己从"忧郁"的境遇中解脱出来。

1. 定时读书

规划自己一天的时间，安排半小时到一小时的时间读书。如果实在太忙，没有固定的时间来读书，可以利用碎片时间来阅读，比如，在上下班的地铁上，在十分钟的睡前时间里。时间犹如海绵，挤一挤还是有的。与其拿着手机刷朋友圈，倒不如拿本书来看看。

2. 随身带书

为自己挑一本好书随身携带，随时随地阅读。当然，这本书最好是自己感兴趣的，不能太厚，以免成为负担。

3. 读书笔记

做读书笔记，不仅可以激励自己坚持下去，还可以令自己感到充实。从读书笔记中，能看到自己每天的收获。既可以是阅读、内容的扩充，也可以是你对书的感悟和所思。

4. 去图书馆

每个月抽出一点时间，去图书馆感受书海的氛围，感受知识海洋的磅礴，为自己的坚持加油打气。

5. 设立目标

为自己设立一个读书目标。读书，是种享受，而不是任务。要根据自己的实际情况来设立目标，起点太高，只会成为负担。

6. 学会分享

可以在社交软件上分享你的读书心得，分享你的读书过程，积极和朋友讨论、分析，从朋友处获得建议，让自己不断进步。

四、撒娇无极限

会撒娇的女人最好命,人们说男人喜欢会撒娇的女人,确实有一定的道理。

如今满大街都是"女汉子",连女人自己都看着别扭,更何况是男人呢?

一帮女友聚会,说说笑笑,不知不觉时间就晚了。有人说自己打车回去,有人说自己开车走,有人说让家人来接。曼白却发挥自己的撒娇本领,给老公打电话:"亲爱的,外面好黑,我害怕,你来接我,好不好?"娇滴滴、嗲兮兮,众女友齐齐发出嘘声:"哎哟,还能再肉麻点儿吗?我身上鸡皮疙瘩都下来了。"

二十分钟后,曼白的老公就开车来了,还给她带了外套和围巾,并细心替她穿好围好。一边做着这些,还一边怜爱地唠叨着:"多大的人了,一点都不知道照顾自己,天这么冷,也不早点回家。冻感冒了怎么办?我总不能天天跟在你后头随叫随到……"

听着老公的唠叨,曼白把身子扭得像股糖似的黏在老公身上,娇嗔地说:"讨厌,每天就知道唠叨我,人家怕黑嘛,你又不是不知道……"

是不是觉得曼白很做作？但许多男人就喜欢这样的，没办法！撒一下娇，就能将老公叫过来，多少女人有这样的本事？所以，不要说男人不管你，不要说男人不理你，想想看，你会不会撒娇？同样是女人，同样是这次聚会。

春梦一个人开车回家，结果发现自家地下车库的车位被别人占了。已经过了深夜12点，到哪里找车主？没辙！只能打电话向老公求助。结果，老公不但不愿意下来帮忙，还劈头盖脸一通指责："谁让你这么晚回来的？你还让不让人睡觉？明天我还要上班，你自己想办法吧！"说完，挂了电话。春梦绕着自家小区四处寻找车位，终于把车停妥了，又独自穿过黑灯瞎火的小区回家。

一个女人晚上找车位，独自回家，是不是很危险？答案大家都知道。可是，没有男人可依靠，只能把自己逼成男人。或许，能够像曼白一样向老公撒撒娇，情况也许就完全不同了吧！

男人一般都受不了女人的撒娇，一旦女人撒娇，说几句好话，做几个动作，在他身上黏糊几下，他态度马上就能软下来。因为，他觉得自己在女人心中是被需要的，这种感觉会让男人的内心得到极大的满足。

纵然女人有千种风情、万种姿态，但撒娇时的小鸟依人状却格外令人心动，举手投足之间都透露出一股女人味，瞬间就能激起男人的保护欲。

女人，该温柔就温柔，该嗲就嗲，没人会笑话你，为什么？因为你是女人！适度表现自己柔性的一面，更容易得到男人喜欢。

撒娇是一门艺术。没有比水更柔弱的东西，但任何坚强的东西都抵挡不住它，任何东西都无法改变它的力量。

撒娇是一种风情。一声娇柔的呼唤，会融化男人心中所有的冰川；一句温柔的话语，会让男人顿觉自己的伟大。

撒娇是一种本性，也是一种手段。面对撒娇的女人，男人一般都没有多少抵抗能力，女人要知道以柔克刚的杀伤力，在平淡的生活中运用撒娇演绎出一份浪漫，化解生活中剑拔弩张的气氛，成全男人想要保护女人的欲望。

1. 上班前撒娇要亲亲

早晨一个人的心情最纯净，只要带着微笑出门，基本上就能保证一天的愉悦心情。这时候如果女人揉着惺忪睡眼撒娇，面带微笑地要亲亲，男人基本上毫无抵抗力。对于一个男人来说，最幸福的事情莫过于知道外出打拼的意义，而眼前的女人就是所有意义。

2. 吵架后撒娇要抱抱

人的一生很漫长，即使两人再恩爱，也会有感情疲惫的时候，此时最容易发生争执。争执的时候，最怕暴力和冷战。很多男人都太过理性，或太大男子主义、太爱面子，本来用几句话、几分钟就能解决的事情，非得用语言暴力或肢体暴力伤害女人。其实，吵架之后，只要女人撒个娇要抱抱，男人基本上都会转怒为喜。

3. 夜色下撒娇要他背

夜色里的女人最动人。刚吃了一顿晚餐，刚看了一场电影，刚结束了一场浪漫约会，走在回家的路上，两个人一起回忆过去和畅想未来，这时候如果让男人背着你走一段路，男人一般都会同意。对于男人来说，背着自己的女人就是背着全世界，能让男人充分展现自己的力量，表达自己的责任感。

4. 聚会时微笑着卖萌

朋友聚会时，很多男人都喜欢带着能给自己加分的女人出席。能加分的女人，可以有漂亮的颜值，可以有高雅的气质，可以有丰厚的学识，但更多时候，是有女人的魅力。这时候，使用女人特有的撒娇方式，让男人觉得自己被需要、让他的朋友觉得他很幸福，男人一定会非常喜欢。

五、施展魅力，做个优雅动人的太太

如果想做个优雅的女人，就要将自己的魅力展示出来。

李婷结婚了，两人是一见钟情，但在世俗的眼中，他们的婚姻却不够完美，因为老公赵科比她小七岁。可是不管别人怎么说，只有赵科知道自己才是这份婚姻的最大受益者。

现代人的生存压力很大，男人和女人都活得挺累。赵科的前女友与他同龄，总希望他分担她的压力，希望他有房子、车子。赵科忙于事业没有时间陪她逛街，她就生气，跟他耍小性子，让他左右为难。

李婷跟赵科是在工作中认识的，她用自己的阅历和经验给赵科提供了很多好的意见，让他的事业大有长进。不过，当赵科发现自己爱上她以后，说服她接受自己的感情可是费了九牛二虎之力的。

女人一过三十五岁，就会不自觉地认为自己与爱情无缘，不会再吸引男人。其实，赵科认为，女人要想培育一份好爱情，需要独立、宽容、努力、真诚，而这也是做人的基本原则，拥有了这些素质的女人，不论年龄大小，在他眼里都是魅力十足的。

是的,并不是只有年轻美貌的女孩才会受到异性的青睐,漂亮的外表是天生的,好的个性、卓越的能力、高雅的气质却能通过后天培养。具备了这些优点的女人,只要能将个人魅力充分展示出来,就能将男人的注意力吸引过来。

一位诗人曾写过一首爱情诗:"多少人爱慕你的年轻,多少人爱慕你的美丽,多少人爱慕你的温馨,可有一个人,他爱慕你的圣洁、灵魂,爱慕你衰老的面孔,爱慕你痛苦的皱纹。"女人的美丽并不是只有面孔,更重要的是灵魂和气质。

女人的魅力首先在于女人味,有女人味的女人一举步,一伸腰,一掠鬓,一转眼,都如荡漾的春水,温软留长,是男人心目中的女神。

女人的魅力还会随着年龄而增长。有魅力的女人,是时间积淀与自我修炼的结果,根本无法假装。不要以为自己已经结婚了,就可以"河东狮吼",就能放松自己,结婚不是一劳永逸,需要不断完善自己,不断充实自己。不要将魅力留给别人,要保持自己的独特魅力。

不管是朋友聚会,还是公司晚会,衣饰可以不惹眼,但要注意礼仪。本着内外兼修的原则,最好应对得体,有修养,有见识,有品位。

有了白头发,要及时染;不要让自己胖到不忍直视的地步;不要用洗旧的廉价内衣去搭配上千元的开司米外套。

懂得爱的女人,尤其是重视自己在家里的形象的女人,不会拖拉着鞋、蓬头垢面地面对老公,她们会将自己最漂亮、最精彩的一面展现出来。

不要以洗衣服、做饭、养孩子为由，扔给老公一张倦怠的面容、一双冷漠的眼睛、一副粗俗的嗓门。如果不想失去现有的一切，就要不断提高自身素质，与时俱进。要有思想，有追求，让自己永远充满活力与魅力，令老公不得不一次又一次地对你重新认识。如此，才能让你们的爱情不断得到升华，保持爱情与婚姻的同步。

六、永远都要温柔一些

美丽的外貌只能吸引男人的目光，而温柔却能紧紧网住男人的灵魂，并彻底征服男人的心。一个女人即使才貌双全，如果男人在她身上感觉不到一丝温柔，对她也会敬而远之。

恋爱中，温柔女人的话语里过滤了噪声和烟尘，当温柔女人吐气如兰、双眸含情时，男人最易被打动。与温柔女人在一起，男人很容易在那种古韵悠扬里醉去。

婚后，温柔女人一样会把家打理得井井有条，让男人感觉舒适和温馨。她不会整天唠唠叨叨、怨天尤人，她不会风风火火、冒冒失失，男人不会感觉有压力。与温柔女人共处，男人思绪可能会纷飞，纵然男人似百炼钢，最后也会被化为绕指柔。和温柔女人生活，即使生活平淡或者艰苦，依然能嗅到生命的芳香，依然能感觉到有一份诗意在流年的指尖上轻舞。

温柔细腻是女人的一个重要气质特征，温柔细腻的女人是善良、谦

逊、体贴的集合体。

生活中，多数男人都喜欢温柔的女人，虽然带有传统的"大男子主义"意味，但从女人本身来讲，温柔确实是一种吸引男人的秘诀。缺乏温柔和细腻，就像花朵没有芳香，不会招人喜欢。

一次去逛商场，看到一个拉着孩子的靓丽少妇在前面走，男人拎着很多购物袋跟在后面："不是说要走了吗？怎么还买？"女人翻了个白眼说："要你来做什么？就是拿东西的。好不容易逮住一次，怎么能不多买点！"

得，将老公当作跟班的了。

风情万种的女人身上最突出的一点一定是温柔，温柔是女人生命中的一个重要的闪光点。性格粗暴的女人，不仅不懂温柔，她还将因此失去很多，比如，脸上的光彩，别人的尊重，好的心情以及美和爱。温柔的女人有优雅的情怀和宽容的气度，她懂得理解和给予，懂得原谅和忍让，会让她身边的人感觉轻松和快乐。也许男人最初选择靠近女人是因为她的容貌，但最终真正能留住男人的一定是女人的温柔。

女人需要男人阳刚，男人需要女人温柔。试问，红尘中，有多少男人真正喜欢野蛮女友、泼妇和悍妻？又有多少男人真爱"河东狮吼"？女人，可以没有西施貂蝉般的美丽，可以没有燕瘦环肥般的风韵，可以是女强人，可以是弱女子，但不能没有温柔。可以不让你的温柔在人前尽显，但应该让爱人读懂和感受到。

对于男人来说，跟一个不懂温柔的女人一起生活简直就是受罪，跟她共处更要处处小心。如此，男人怎么可能对女人倾心？所以，要想做一个让老公倾心的妻子，就一定要温柔。

当然，女人的温柔有一部分是来自天性，但更多的是来自后天的培养和修炼。温柔绝不等同于矫揉造作、扭捏作态，温柔，是从内心深处流露出来的一种温情，是一种生命本体的自然散发。

1. 温柔，男人都喜欢

温柔，是作为母亲和妻子的女人不可缺少的一种特质。

女人的温柔是可餐的秀色，是内心甜美的微笑，若要断定一个女人是否善良，就看她是否温柔。作为女人，可以潇洒、聪慧、干练、足智多谋，但却不能没有温柔。女人之所以存在，就是因为具有男人缺乏的温柔。

温柔的女人就像夜幕降临时点起的灯盏，可以让男人产生回家的渴望，不管他们在哪里，那盏灯都是他们心底一直的牵挂。不温柔的女人，男人一般都无法忍受，很少有男人会喜欢女人的蛮、野、悍、泼、粗、俗。

温柔是女人的一部分，是女人美的一个重要标志。一旦失去，也就失去了美的意味，在外人眼里，此女必显得粗陋。失去阳刚之气的男人会让人打冷战，而失去阴柔之美的女人也会令人胆寒，尤其是长得漂亮的女人。

2. "温柔杀手"绝对管用

温柔是女人特有的武器，很容易将男人成功击倒。温柔的女人一般都善解人意、宽容忍让、谦和恭敬、温文尔雅。她们纤细、温顺、含蓄、缠绵、纯情、热烈，当老公在灯下读书，感觉到困倦和略有寒意时，温柔体贴的妻子就会将一杯热水送到他的手里，或不声不响地给他披上一件外套。温柔似水，是征服男人的核心力量。

温柔的女人是善解人意的，她会像尊重自己一样尊重老公，她会用自

己的双手抚摸爱人的脸庞，会趴在他的身前侧耳倾听爱人的心跳……她是感性的、有血有肉的、有情有义的，每个动作都是表达，都是感受。

温柔的女人也许会没收老公手里的香烟，但也会半夜起来陪老公看足球。她会用体温感动男人，用灵魂支持男人，这种温柔的浸润对男人来说，是刻骨铭心的。

3. 一"柔"遮百丑

温柔不仅是一种对男人的信任和尊重，更是一种对爱人绝对的心灵承诺和情感关怀。男人生命的原动力是女人的爱，而对女人来说，用漂亮的脸蛋取悦男人只是一时的，因为即使长得再美貌，随着年龄的增长，容貌也会渐渐衰老，只有温柔之美可以永远花香袭人。

温柔的女子德才兼备，内外兼修，男人一般都愿意娶这样的女人做老婆，因为跟这样的女人在一起可以让他们自在轻松，自信放心。

温柔是女人的一种为人处世态度，也是一种品德修养，做女人最大的好处是可以以一"柔"遮百丑。

温柔的女人一般都通情达理，她们会宽容对待男人，极尽体贴，愿意为老公着想，绝不会让爱人难堪；她们性格柔和，遇到不顺心的事绝对不会暴跳如雷或火冒三丈。记住：盛气凌人的女人，男人会敬而远之。在公共场所毫不顾忌他人，大声喧哗、唠叨不休的女子，只会令人避之不及。

温柔来自修养的提高，所以女人要从现在开始，完善自己的性格修养，将现有声调降三度，音速慢三成，句子缩短一半。老公下班回来时，给他一双拖鞋、一杯绿茶，用你的温柔去温暖他。

七、多些幽默感

女人的温柔和善良如同糖般甜蜜,但太甜了也会把男人腻死。幽默气质则是盐,虽然在女人身上分布稀少,可一旦存在,就能调出与众不同的味道。跟一听笑话就捂耳朵的女人相比,能讲得出一两个笑话的女人更有情趣。

我有一次参加同学聚会,结果见识到了一位女士的风采:

聚会推杯换盏,都有些喝大了,有位男同学要开启啤酒,可能是晃动得太厉害,啤酒盖启开瞬间,啤酒沫呈现弧线形,直接飞向对面桌一位女士面前,女士猝不及防,从头浇到胸前。我们都愣住了,男同学也窘得不知所措。

桌上有几个人站起来,脸上带着怒气走过来。女士拦住了。她一边甩着头发上的啤酒,一边笑着对这桌的男同学说:"你我素不相识,怎么知道我今天有喜事,竟然搞突袭替我庆祝呀?"

大家不知道接下来是怎样的场面,也忘记向女士道歉。女士接着说:"我是开化妆品商店的,国内某知名洗发水代理被我们签下来,是省级代理,影响面比较广。你看,我正和朋友们庆祝呢,你也来凑热闹……"

男同学顿时酒醒,明白女士是在给自己找台阶,立刻打哈哈:"是呀,

看你们热闹，忍不住想去倒杯酒庆祝。"

"谢谢，你看我的头发多好，啤酒浇头，依然丝丝柔滑。"女士边说边用手捋着头发。

两张餐桌上的客人，目光都被女士的头发吸引，早已经忘记了啤酒突袭的尴尬。这位男同学也算机灵，迅速接话说："我们公司每年都给职工搞福利，发点米面粮油，今年就发你代理的洗发水吧。既然已经帮你庆祝了，那么，就好事做到底好了。"

一场剑拔弩张的紧张气氛，就在女士的幽默中化为无形。聚餐之后，那位女士已经和这桌聊得比较投缘了，不仅那位男同学表示要用她的洗发水搞福利，还有位同学是开大型超市的，当时就签了订单。

幽默的女人，比起漂亮的女人更容易得到青睐，因为幽默让女人变得活泼可爱，骨子里的聪明在语言上体现出来，散发着无穷的魅力，让人欣赏又敬佩。

笑声极富感染力，能给老公带来欢笑的妻子，会赢得男人真正的爱情和家庭幸福。相反，表情冷漠、缺乏幽默感的女人，也会失去对男人的吸引力。夫妻间没有幽默，就像春天没有鲜花，就会失去无限生机。

片段一：

老公对妻子说："为什么上帝把女人造得那么美丽却又那么愚蠢呢？"

妻子幽默地回答道："上帝把我们造得美丽，你们才会爱我们；把我们造得愚蠢，我们才会爱你们呀！"

片段二：

一对夫妇去参观油画展，老公看到一幅仅以几片树叶遮挡羞部的裸体女像，目瞪口呆地盯着，很长时间不想走开。

妻子叫了几声，见他毫无反应，于是揪住他的耳朵道："喂！你是想站到秋天，等树叶落下来才甘心吗？"

片段三：

老公抱怨妻子做事随便，妻子说："是呀，当初我就是随便选择了你。"

玩笑和幽默会给人带来快乐，甚至还能产生巨大的作用。要想让男人整天围着你转，就要将自己的幽默细胞激发出来。听了这样的回答，相信男人都会呵呵一笑。

幽默感十足的女人，会让人哈哈大笑，荡起心河的涟漪。当夫妻俩唇枪舌剑吵得不可开交时，女人冷不丁说几句调皮话，很容易让争吵戛然而止。幽默虽然不能解决矛盾，却可以化干戈为玉帛，是缓解冲突的奇妙之方。

老婆惹老公生气了，老婆哄老公说："对不起了，别生气了嘛！"

老公道："我不要你道歉，我要你说句我爱你。"

老婆答："我爱老公就和太阳从东方升起，人类要呼吸空气一样自然，你见过谁每天呼吸的时候喊：哇，我呼吸到空气了！所以，我爱老公也不

需要天天对着你喊：哇，我好爱你哟！"

老公："……老婆我爱死你了！"

无论如何，笑总是一件好事。如果一根稻草能逗人发笑，它就成了一种制造幸福的仪器。幽默就像一首轻松的小夜曲，会让人陶醉，能把你自己的思路引向他人，引起共鸣。

幽默是什么？是智慧的提炼，是才华的结晶。幽默女人说出来的话，听起来入心入肺，让他觉得简简单单的道理，原来可以用另一种方式去表达。

幽默是真正的生活智慧，是经过生活的历练仍然保持一份达观、自信、绝不轻言放弃的生活态度，是绝不妄自菲薄的骨子里的风情，也是经过大富大贵仍能保持平和自我的心态，再大的事，经她轻轻一说，就云淡风轻了。这样的女人，散发着女人真正的魅力。

没有幽默感的女人，就像鲜花没有香味，形似而神无，可惜了外表，看上去，总感觉差了一口气。因此，女人一定要培养自己的幽默感，对芝麻小事也生气，早晚会精神崩溃。要用幽默的态度面对生活中不如意的事，不要整天都紧绷着一张脸，更不能为了芝麻小事而把爱情变成怨恨。

女人篇

第二章　幸福老公

一、相信自己的选择

在爱情也变成快速消费品的年代，爱情里掺杂了太多世俗的东西。在别人眼里，理想伴侣的标准已经让位给房子、车子、票子、位子，至于对方能否给予自己一生的快乐和幸福，许多人已经懒得去考虑了。爱情退居到了二线，房产证理直气壮地站到了最前面，无房免谈爱情。

在一次高中同学聚会时，李南爱上了一个高中同学。正当两人享受爱情甜蜜的时候，男孩却在一次车祸中伤了腿，家人、朋友纷纷劝她放弃。时间长了，李南终于动摇。过了一年，李南和一位男同事情投意合，母亲却不同意她的恋情，因为男同事的职位比李南还低一级。李南抵不过种种非议，匆忙结束了与男同事的交往。

妈妈经常对她说："你现在也不小了，应该找一个有房有车工资高的人，才有条件早点结婚。如果对方条件不好，就别领家里来让我心烦。"李南觉得妈妈太势利了，但她知道，父亲走得早，妈妈一个人把她养大，这样做也是为了她以后能幸福。

后来，在亲戚的撮合下，李南开始相亲，并最终选择了一位在他们看来与自己很般配的男人。此人薪水颇高，有房有车有地位，在妈妈的一番劝说之下，李南嫁给了他。

妈妈倒是满意了，唯独苦了李南，因为她对他没有爱情，甚至一点感觉都没有。婚后，两人一直过着平淡无奇的生活，两人之间话很少，李南也对婚姻失去了激情。李南有时也会后悔：如果当初能自己做主，即使没有锦衣玉食的生活，但有一个自己真心喜欢的人陪在身边，未尝不是一种幸福啊！

对于爱情，每个人都应该有个准则，那就是：不要受他人的影响，爱情，要顺从自己的内心。

自己的爱情自己做主！怎样才能判断对方是不是爱自己，是不是适合自己呢？爱情的规则在哪里？在这个所有规则都可以被打破，所有道德规范都在慢慢消散的世界里，要怎么去坚定地相信爱情？答案很简单：永远别相信规则，要相信自己的感觉。

既然选择了他，就好好珍惜，因为只有心中有爱，两人才能走到一起。

相信自己的选择，生活才能有滋有味。

相信自己的选择，平淡的人生才能变得有意义。

相信自己的选择，你才会变得更成熟。

相信自己的选择，两人才会彼此依恋、彼此信任。

相信自己的选择，两人才能执子之手、与子携老。

……

所有的一切都是因"信任自己"而生。

1. 你的选择是明智的

大千世界，茫茫人海，遇到一个爱你的男人，而你也爱他，是一种极难得极美丽的缘分。有了组合的缘分，才有你们的现在和未来。相信自

己,他每个瞬间的闪亮点都能吸引你,值得你爱一辈子。

爱在你们心中永恒,永远留在心中。但爱人并不是一种与生俱来的本领,并不是想爱就能爱,得花一点心思,下一点功夫去共同经营。

生活环境不同、人生经历不同、个性不同的两个人走在一起,必然要经历一个相互了解适应的过程。为了取得好的结果,就要坚信:在婚姻的旅程中,男人必须相信女人,女人必须支持男人。任何一种逃避和放弃,都会使心灵落伍。

爱情长跑中最重要的便是真心。真心对待,用心去爱,才有资格去梦想婚姻。

婚姻是一场爱情的盛宴,也是一段需要责任的长跑,任何人都不能只享受爱情的甜蜜而不去承担责任。对婚姻怀有责任,是爱人之间和谐相处的秘诀。

2. 自己的家庭才是最好的

爱情如同脚上的鞋子,合不合脚,只有自己最清楚。家,是你和爱人因爱而建立的,不要跟别人家比,更不要轻言放弃。曾在某些人嘴里流行的顺口溜"拉着小姐的手,好像回到十八九;拉着老婆的手,就像左手拉右手"中,包含着婚姻的悲哀和苍凉,但也蕴含着婚姻的真谛与美好。让男人拉着你,当他的左手触摸你的右手时,婚姻就达到了一种至高境界。

天底下,任何人都无法成为他人身体的一部分,只有妻子。人到中年,对于夫妻间的同甘共苦、相濡以沫、心有灵犀,都会体味至深,感情经过岁月的锤炼也会由热血澎湃渐变为绵绵亲情。

有人说,两口子朝夕相处,饮食口味会变得一样,作息也会保持同步,甚至还会越长越像,也就是人们所说的"夫妻相"。记住:自己的家庭才是最好的!

3.相互信任增进了解

彼此信任是相爱的基础，既然选择了对方，就要给予对方完全的信任，不信任对方，猜疑的爱情最后只能分手；只有充分信任彼此，才能获得相对自由。

喜新厌旧是人的本能，任何人都不敢信誓旦旦地说自己保证一辈子只对一个人有好感。因此，心中要有一面镜子，凡事往好处想，给爱人留一些余地，有疑问及时说出来，做事说话要大方，不要疑神疑鬼。

记住：信任是婚姻的保护伞。双方要抽时间多出去走走，如公园、海边、树林等，或者一起参加一些户外活动，以此来增进情感上的亲密度和相互信任度。

二、爱上他的缺点，包容他的不足

一个女孩抱怨说：

我曾经有过多次恋爱，可每次都以分手作为结局，其他男孩都觉得我不好相处，都不敢再追我了，这让我很郁闷。现在虽然还有几个男孩在追我，但他们那种类型的人，我实在看不上，我喜欢完美的男人。

其实，追我的男孩也有优秀的，他们也都很喜欢我。但让我不能接受的是，在他们身上总有一些让我不满意的地方，比如，有的爱抽烟，有的不浪漫，有的不体贴，有的不大方。我觉得，只有和一个没缺点的男人在

一起生活才能快乐，可我怎么就遇不到呢？难道世上的男人都有缺点吗？

抱着完美的标准去选择男人，就会像上面这个女孩一样不停地抱怨找不到好男人。你会发现，越是追求完美，越是失望。有的女孩甚至因为找不到完美的男人就不嫁，等自己的容颜渐渐老去，选择范围小了，只能留下一群比先前缺点更多的男人，甚至还是离异的男人。所以，过分追求完美主义，只能让自己成为"剩女"。

每个男人都有缺点，就像任何事情都不能达到完美无瑕的地步一样，如果想挑刺，总能找到一些纰漏。男人也一样，无论是圣人还是凡人，无论是教授还是学生，无论是比尔·盖茨还是你男朋友，都有不够完美的一面。比如，企业老板的脾气一般都很大，大学教授通常都清高自傲，企业家都有一种狂妄的自信……

真正的完美是不存在的，它只是人们对事物的一个美好期待，比如，期待工作做得完美无瑕，这是符合常理的，但如果将愿景变成必须要完成的任务，只能得到不完美的遗憾。

我们生活中所讲的完美男人，只存在于相对范围内，不是绝对的完美，照样有缺点，只不过相比周围人而言，缺点少一些，优点多一些罢了。比如，在公司里、学校里、社交圈子里，总有一个各方面都不错的男人，这个男人就是大家眼里的完美男人；但如果将他放到另一个圈子里观察，就未必那么完美了。

月有阴晴圆缺，世界上根本没有十全十美的男人。既然是凡人，必然会有缺陷和独立个性。当婚姻的激情在平淡的生活中渐渐退去，就需要彼此更多的包容，女人更需要用宽容的态度来面对生活。

1. 选择了所爱，就要爱他

女人天生都是珠宝雕刻家，无法容忍璞玉的光华遭到埋没，即使能接受男人的不完美，却会在心中拟定一套改造他的计划。男人一般都相信女人爱上的是他的原本面貌，一旦感觉女人企图改变他，就会又惊又气，觉得对方不如从前可爱了。女人改变男人是很痛苦的，与其花时间改变他，不如调整自己去适应他。

向艳是个活泼开朗、天真浪漫的女孩，大三时结识了一家直销公司的营销人员小张。小张比向艳大三岁，性格内向，举手投足间的成熟稳重让向艳着迷，向艳觉得小张从头到脚都是完美的。

随着两人交往的深入，渐渐地他们相爱了。向艳虽然觉得小张内向、不懂浪漫，但坚信以自己热烈的爱完全可以改变他，所以大学毕业后，向艳就毫不犹豫地嫁给了小张。

婚后的小张依然内向、不善言辞，向艳很生气，总是拿看不惯的生活琐事来跟他吵架。可是，小张从来都不还口，以沉默来对抗。每次都是向艳一个人"吵"到无语，然后就生闷气，但小张从来都不会用甜言蜜语来哄向艳。

慢慢地，向艳无法忍受小张的性格，对婚姻美好的憧憬失去了信心。她不甘心，再一次向老公发话："你为什么那么木讷，就不能活泼一点吗？为什么你一点浪漫细胞都没有，是不是不爱我了？爱我就不能为我改变一下吗？"

"怎么改？我一直是这个样子，改不了。"

小张一句无所谓的话把向艳给气坏了："我受不了了，你要不改，我们就离婚吧！"

向艳跟朋友哭诉，满肚子的委屈。朋友直言不讳："其实，你根本就不爱他！"

向艳很吃惊："我不爱他，怎么会嫁给他！"

"是，也许当初你是爱他的，可是你究竟爱他什么？"

向艳的眼中爆发出火花，打开了话匣子："成熟，稳重，有上进心，很疼我，凡事都依着我，就是太闷了……"

朋友说："既然选择了，就要去爱他！爱一个人就要爱他的全部，包括他的缺点。如果小张真的变成油嘴滑舌的人，你也许就不会喜欢了。"

结婚前要睁大双眼，结婚后要睁一只眼闭一只眼。婚前的女人总会放大爱人的优点，婚后却会堆积出很多对方的缺点。可是，既然嫁给了他，就不能总是挑剔，因为婚姻里的爱情不是在放大镜下形成的。

柏拉图说："爱的对象应该是品格端正的人，以及小有缺陷而肯努力上进的人，这才是应该保持的爱情，才是起于天上爱神的那种高尚优美的爱情。"每个男人都有缺点，不仅要接受他的优点，还要爱上他的缺点。

2. 投其所好

有些女人总想改变爱人，使对方的爱好、性格和自己趋于一致，结果，往往事与愿违，不但无法改变对方，还使双方心理上加大了距离。正确的做法是：爱一个男人，首先就要学会投其所好。老公脾气暴躁，你就以柔克刚；老公是个球迷，喜爱看球赛，你就不能因为自己不感兴趣而指责他，你可以陪他一起看。

夫妻相处中的宽容可以化解生活矛盾，深化爱情。生活中，我们可以检视自己，不断提升自己，比如：性子暴躁，就要舒缓性格；动辄发火，就要让自己三思而行；性子太慢，就要提高做事速度……一定要努力去改变自己，因为改变自己比改变对方更容易。适当迁就对方，不仅可以减少许多摩擦，还能促进夫妻关系更加和谐。

在婚姻里没有谁对谁错，有的只是彼此间太多的不同罢了。面对差异，理智的选择是包容。不管做任何事，都要向积极的一面想，比如：老公占有欲很强，要你完全属于他，不要斥责，因为这至少说明他确实在乎你！将注意力放在对方的优点上，夫妻之间才会变得恩爱和睦。

看到对方最好的一面，就要去鼓励赞美他，使他最大限度地表现出这一面。这才是幸福婚姻的要点。

三、与老公形成共振

"性格不合""没有共同语言"是很多夫妻递交离婚协议时的惯用语，这种模棱两可的"莫须有"，可以阻塞一切重归于好的可能性，逃避所有婚姻失败的责任。

陶虹和李浩在同一家公司上班，平时接触比较多。李浩很上进，工作能力很强，脾气也不错，陶虹觉得他各方面都挺适合自己的，李浩也觉得她是个能持家的女人，因此当他向她表白时，她同意了。之后，两人结了婚。可是，婚后让陶虹感到不安的是，两人之间可聊的话题越来越少，时常聊不了几句就找不到话题了。

更让陶虹没想到的是，这段不够牢固的婚姻会因老公的一场同学聚会

而变得更加危机四伏。

李浩去母校参加同学聚会时,陶虹一点也没在意。可是,聚会回来后李浩就出现了异常:常常躲在书房上网,还偷偷发微信。有天晚上趁他睡着,陶虹忍不住偷看了微信,发现了一个女人的名字,暧昧的聊天记录把陶虹击得粉碎。

陶虹强忍着愤怒没把李浩喊醒,自己却一夜没合眼。回想这几年的点点滴滴,陶虹实在想不出自己有什么错。第二天,陶虹忍不住还是问了李浩,没想到他居然爽快地承认了,说他爱上了那个女同学,他们原本就是"精神知音"。并说:"我们的爱已经名存实亡。和她在一起,我们有很多沟通和共同语言,也很开心。"

陶虹呆住了,没想到他竟然用这种理由来回答她。可是,在一起生活了近十年,难道就没有一点共同语言?再说,"共同语言"真那么重要吗?居然能让李浩为了她而离婚,放弃现在拥有的一切,包括儿子和前途?陶虹实在想不通。

老话说得好:"和谐的夫妻都是一样的,不和谐的夫妻各有各的不和谐。"婚姻是多种因素组合在一起的结果,和谐的夫妻总能在多种因素中找到平衡,比如,在物质上相互给予,精神上相互慰藉,人生观价值观相同或相近,生活中有共同的兴趣爱好,相互依赖,有共同的话题,既是夫妻,也是同行者。不和谐的夫妻也有相互吸引的部分,或偏重物质,或偏重精神,但总体上不平衡。我们一般都是缺什么想什么,一旦遇到合适的条件,婚变就在所难免。

在婚姻生活中,夫妻之间缺少共同点,很容易发生不必要的争执。为了让夫妻的感情沟通和交流更富有意义,就要在家庭生活中的各个领域求大同，存小异，缩短彼此间的心理距离。

夫妻间的共同点越多，共同的语言也就越多，感情也就越浓。一旦夫妻感情失去"共振"，生活便会日渐枯燥，爱情也就真成了坟墓。

1. 共同的朋友

恋爱的时候，男女可能都会将自己的恋人介绍给关系不错的朋友。结婚之后，更要将你的朋友都介绍给男人，让你的亲朋好友都认识他，把你经常交往的朋友都变成他的朋友。当然，并不是说要让他与你的朋友时时来往，但最起码，偶尔要让他参加一下你和亲朋好友的聚会。

凝薇很聪明，恋爱的时候，只要有朋友到家来，不管是男朋友，还是女朋友，她都会将朋友介绍给男友。方便时，她还会让男友在旁边和他们一起聊。若是男性朋友，凝薇就更会主动让男友跟他们成为好朋友；若是女性朋友，凝薇就会带着男友一起到人家家里做客。彼此熟了之后，相处起来也就容易了。

同样，凝薇也让男友将自己介绍给他的亲朋好友。过节或过生日，她都会提前帮男友准备好礼物一起去祝福，这让男友省了不少心，朋友都夸她男友有眼光。男友听到朋友们对女友的赞美与认可，也就更愿意在出门时带上她。

2. 共同的兴趣爱好

有了共同的兴趣爱好，爱人之间就可以增加谈话的广度和深度，增加感情交流的频率，相处起来也会充满乐趣，有时甚至还能驱散罩在婚姻上面的阴云。

丹筠是个聪明有智慧的女人，老公喜欢周星驰，她就会到网络上下载周星驰的影片。在漫漫长夜，老公睡不着时，她就跟他开玩笑。老公喜欢打桌球，丹筠就称赞老公打得好，甚至还让老公收她为徒。老公喜欢下象棋，当老公和朋友在下棋时，丹筠就静静地坐在旁边边看边学。老公想安静，她就不去打扰他……人们都很羡慕他俩！

由此可见，抽时间多学习一项兴趣、技能，并不是一件坏事。所谓投其所好，并不是一味地讨好老公，而是陪着老公一起行动，两人有了共同的兴趣爱好，就能保持同步了。婚姻爱情是两颗心的碰撞，借助共同的兴趣爱好，彼此的关系也会更加和谐，何乐而不为？

3. 共同的事业

爱情不是人生的全部，成功的婚姻都建立在对事业的共同追求和不断进取中。

爱情的共振点也可以表现在事业和进取心上，只有家庭生活，事业上没有共同追求，婚姻生活就会单调庸俗，缺乏光彩，也就无法引出感情上的共振。女人婚前雄心勃勃，婚后一味地沉浸于小家庭的幸福，甘心做家庭主妇，甚至连老公做什么都不知道，满意地花着老公的钱……时间长了，夫妻之间的距离定然会拉开。所以，女人不但要做个贤妻良母，还要有自己追求的事业目标，最好跟老公有共同的事业。如此，才能丰富自己的内涵，增强自己的魅力，不被老公所嫌弃。

4. 共同的话题

没有共同语言的人在一起，婚姻就像一个孤独的单身生活。在一个没有共振和反应的环境中，就会感到非常无奈和空虚。人类害怕孤独，两个人之间没有交流，没有共鸣，没有共同语言，婚姻最终会变成默默无闻，最终会创造出两个孤独的人。

有共同语言的人可以谈论他们最喜欢的话题。比如，孩子、长辈、新闻等都可以作为聊天话题，一旦两颗心灵碰撞到了一起，就会产生巨大的向心力，感情也会越来越融洽，爱情就会永葆青春！

每个人都渴望有一个知己，有一个志趣相投的伙伴。面对生活中的许多困难和挫折，有个人可以真正理解自己，那是多么令人幸福的事情，而女人更需要一个能理解自己、让自己畅所欲言的男人。

因此，无论多困难，都必须找到一个与自己有共同语言的男人。

四、保留空间，给他自由

男人都渴望自由，如果婚姻中时常会受到什么束缚，往往会逃走。为什么给他自由的女人更能吸引到他们？因为在某种程度上，这些女人度量比较大，会像母亲一样包容他们，男人会因这种魅力而变软弱，最终回到女人身边。但这里的自由不能胡乱给。女人要学会放风筝，放出去是为了让他飞得更远，把握好手中的线，是为了让他飞得更高。

婚姻生活中，夫妻之间应该给彼此保留空间，赋予彼此保留秘密的权利，彼此有足够的空间、足够的自由，才能让婚姻里的空气一直保持新鲜，不会窒息。

1."妻管严"不如"妻不管"

小竹跟老公结婚已经8年了，老公事业心很强，经常忙到很晚，后来居然到了半夜也不回家，而且还有很多次。

小竹感到很生气，疯狂地跟踪追击，打算管束老公："这都几点了？怎么还不回家？""加班加到酒店里来了？""这个家你从来就不过问一下？"

老公被逼得发疯，高举双手大喊："以后我的事你少管，你能不能给我一个自由的空间！"

小竹很委屈，自己哪里是"管"呀！是关心他，是出自真爱。爱到要操心他生活中所有的细节：喝多少酒、吸几根烟、天冷会不会加衣服、一日三餐如何吃、洗澡水热不热……老公竟然不领情，小竹很伤心。

其实，笨女人才会累得半死去管老公，聪明女人的做法是"妻不管"。一定要记住：爱你的男人，你不管，他也会关心你、安慰你；不爱你的男人，你也管不了。

2. 给老公足够的空间

很多女人都希望老公能待在自己的身边，可是有哪个男人愿意整天都待在妻子的视线里？因此，即使妻子做了可口的饭菜，给了许多温存和温柔，老公依然不会感到欢愉；相反，会感到空虚、无聊。妻子"黏"得越紧，他们的这种感觉就会越强烈。

在城市家庭中，多半都是一家三口挤在一个两居室的单元楼内，很多男人在家里都没有自己的空间。一位朋友曾对我诉说过自己的苦衷：

我所有的东西，包括书籍、工具、唱片、照片甚至衣服鞋袜，都被我老婆胡乱地塞在什么地方，甚至连我的裤衩背心也混在妻子女儿的乳罩堆里，令我哭笑不得。我好不容易在阳台上搞了个小仓库，结果很快就被她们娘俩儿挤占了。在我家，大卧室是我妻子的，小卧室是我女儿的，两处都神圣不可侵犯，我像个回来过夜的房客。你说，我该到哪里去？

心理学研究发现，男人通常都会感到缺少归宿感，觉得自己的精神和灵魂总处于飘忽状态。每天顶着巨大的压力去上班，工作中要承受无数挫折和责任，回到家还要面对另外一种困难和尴尬，丝毫没有放松感。因此，如果想让老公减少这种无力感，妻子就得多给予关照，尽量做出合理的安排。

当然，男人更需要心理空间。调查发现，男人最想对妻子说的话："你若真的爱我，就请给我一点清净、一点距离、一点自由。"任何人都需要自由，不要让自己爱得太自私，千万不要借着爱的名义而剥夺了老公的精神自由。

老公需要妻子给他一定的空间去享受自己的某些嗜好，做妻子的不要总是杞人忧天地认为，他是在想别的女人或被别的女人所迷惑。只有对单元式的小家庭生活感到厌倦的老公，才会掉进"狐狸精"的陷阱。所以，要给老公打造一个浪漫温馨的家。

周末老公偶尔出去打球，或与一群男人玩玩游戏，要支持，因为他们会因此获得独立的感觉。

闲暇时老公喜欢将自己关在书房里，静静待一会儿，或读一本惊险小说，或将自己的车子仔细检修一番，都要尽量满足他。

3. 离他的手机远一点

偷看老公的手机，本身就是对另一半的怀疑与不信任，或者说另一半的某些行为已经引起了女人的某些警觉。要看老公的手机，完全可以在征

得老公的同意之后大大方方地看。

结了婚之后,很多女人误以为老公就成了自己的私人财产,自己有权知晓老公的一切秘密,包括偷看对方的手机。其实,女人偷看老公手机的行为在某种意义上可以说已经侵犯了另一半的隐私权。在婚姻中,最重要的一点就是保持适当的距离。很多婚姻都是死于太过纠缠与黏糊,彼此之间完全没有独立的空间与自由。

在婚姻中,两人的关系无论如何亲密都应该且必须保持相对独立的空间与自由,夫妻之间不必百分百透明,应该保留各自的隐私。"水至清则无鱼",同样地,太过透明的婚姻也无法长久。

4. 永远不要审问他

有些女人喜欢埋怨老公或男朋友什么也不告诉她。其实,这是她自己一手造成的。

男人兴高采烈地说:"我跟小忠喝酒的时候……"

男人还没有说完,女人就立刻审问他:"你什么时候跟小忠喝酒了?为什么我不知道?"

男人只好扫兴地说:"不就是这个星期二晚上吗?"

女人一听到星期二晚上,就质问道:"你不是说那天要加班吗?"

男人哑口无言,那天晚上发生了什么有趣的事,也不敢说下去了。

女人还不罢休,继续追问:"除了小忠外,还有什么人?有没有女人?你们在哪里喝酒?"

男人听到这里,简直像一个泄了气的皮球,以后有什么事,他也不想跟女人说。他本来想和她分享,结果变成被她审问,然后还要向她解释。他为什么要自讨苦吃?不如干脆不告诉她。

审问人，是法官的职责，不是妻子的职责。如果想让老公将什么都告诉你，最好记着：当他说那天跟某某喝咖啡，就不要问他是哪一天；当他说那天跟某某吃饭，就不要问他在哪里吃的；当他说那天晚上跟某某喝酒，就不要问他那个某某是谁。他虽然愿意和你分享，却不愿意被你审问。

五、宽容他的平凡

多数男人都希望妻子可以容忍自己的平凡，不给自己施压或制定超高的奋斗目标，不要有过高的期望，对自己的平凡职业和淡泊生活态度给予最大限度的宽容。聪明的妻子懂得宽容和识趣，不会整天在老公面前唠叨个没完，相信老公也是不甘平凡的男人。

最近，李艳对丈夫越来越不满，因为丈夫在公司混了三年，连个经理都没有当上，收入微薄，结婚都没能凑得起房子的首付，一直租房生活。

一天晚上丈夫外出和同事聚会，在小酌之后高高兴兴地回家。李艳却非常不高兴，大声指责他不思进取，这么多年了还是个小职员，还说跟他没法过了，提出要跟他离婚，并收拾东西回了娘家。

其实，李艳并不是真的要跟丈夫离婚，离婚只是她惯用的伎俩，只要她对丈夫不满，就会提出离婚，而丈夫也总会买各种礼物讨好她，让她随意处罚，以求得她的原谅。

可是这次李艳有点心慌,已经在娘家住了四天了,丈夫都没有来接她,连电话都没有打过一个。后来她忍不住给丈夫打电话,他也是不冷不热,丝毫没有提及要让她回去的意思,两个人就这么僵持着。

两周后,丈夫给她发微信说,她想要的生活他给不了,为了她的幸福,两个人还是离婚吧。这下,李艳傻眼了,到处咨询,希望能找到一个挽回婚姻和感情的方法。

李艳的经历并非个例。对自己的丈夫感到不满,觉得丈夫太过平凡,不够优秀。可是站在男人的角度想想,男人在外面打拼非常累,回家后妻子如果连一句安慰体贴的话都没有,还总是指责他,给他白眼,他的内心一定会非常绝望,对婚姻自然也就失去了信心。

很多男人自称"难人",是有一定道理的。如今的社会,男人的压力确实比女人大很多。女人工资不高,抑或不上班,都不会有人说什么,但如果换成男人,肯定就不行了,即使别人不说,他自己的内心也会非常焦虑。在这种情况下,如果妻子还对老公提出更高的要求,他的心理压力就会大到崩溃。

社会很残酷,即使两个人能力一样,也会有不一样的际遇、不一样的经历。所以不要总是嫌弃男人赚钱少、升职慢,不要总是喋喋不休地指责他。在外打拼的老公回到家里,更应该得到的是妻子的关心和体谅。因此要给他一个自由的空间,让他做自己想做的事情;否则时间久了,男人就会越来越不愿意回家,把家当成旅馆,把妻子当成天天考问自己的警察,这样的家庭氛围,婚姻还有何幸福可言?

懂得宽容的女人,才能拥有男人的心。情感生活是相互尊重,而不是打骂苛责。婚姻生活中,要懂得放下,大事化小,小事化了,不要一时气晕了头造成悲剧，要冷静下来，积极想办法来解决。

生活中，不要对老公提出过高的期望，对他的平凡要予以最大限度的宽容。记住：他不是高富帅，但你就是乐意跟他过日子。不要动辄唠叨，抱怨他笨，赚不了大钱……要知道，男人受到这样的数落，情愿住在露天的屋顶上，也不愿回到家里来。宽容老公的平凡，他就会成为世界上最疼你、最爱你的人。

1. 给老公留面子

对于男人来讲，最重要的是尊严，女人可以在家里批评他，但不能在公众场合讽刺、嘲笑他。不懂维护老公尊严的女人，男人都不喜欢。

很多人都在街上看到过别人的冷战：

男人提着女人的衣袖说："走吧！"

女人甩开他的手说："要走你自己走！"

男人走也不是，不走也不是。

千万不要让自己的老公处在这样的情况中！

2. 不要盲目攀比

攀比，可能是女人的通病。过去还比较简单，女人只是比比谁的老公挣得多，如今比的范畴扩大了很多：谁的房子大，谁家装修好，谁的车豪华，谁用的化妆品牌子好，谁的孩子成绩优秀，甚至连谁家的狗品种最纯、毛最亮，现在也进入了攀比的范畴。

攀比是人类的天性之一，本无可厚非，但攀比到让自己难受就不值得了。不停地挑老公的毛病，跟别人的老公攀比，就是女人最大的失误了。

丽华每天都要在老公耳边说:"你看,小玲的老公又给她买了个名牌包。""丽丽老公又给她换了部车子。"

终于有一天,老公说:"我那个男同事又换了个老婆,真好!"

虽然说者无心,但是听者有意,越在男人面前挑毛病、挑刺,男人就会越讨厌你、愤恨你。这时如果男人有了外遇,发现对方温柔多情,善解人意,想想看,他还会在乎家里只会唠叨、泼妇似的妻子吗?当然是选择情人,不要妻子了;即使他不离婚,但他偷偷摸摸地约会情人,也会让妻子感到很不舒服。

3. 幸福非常简单

在男人处在平凡、事业低落的时候,妻子多给他面子,多在意他的感受,与他同甘共苦,他就能获得心灵上的最大安慰。比如,每天早上睁开眼睛看到他,嗅到他特有的气息,他像往常一样吻你,像过去那样温柔地对你……虽然单调,但这就是爱情生活。能满足这样的生活,女人就能获得更多的幸福!

人无完人,老公可能在这点或那点上不那么如你愿。如果不是原则上的问题,就要多一些宽容;只有原则上的问题需要寸步不让。不过,在婚姻里又有多少是原则的问题呢?婚姻需要磨合,更需要宽容。

六、依赖老公，做一枚小女子

男人在骨子里都有英雄情结，都希望能成为一个保护公主的王子。所以，妻子要利用这点，让他感受到自己的力量。要告诉老公：你不在我身边，我会很孤单，我很想你，我一生都要依赖你。

女人不要太强势，太平盛世，做一枚小女子才能给男人创造更多做英雄的机会。

女人很沉着，也很委屈。她说："这些年来我容易吗？我嫁给你的时候，一块砖也没有，现在有了房子和车子。公司的大小事情我都要操心，还要照顾家庭。我辛苦拼命赚钱，跟你一起打江山，还不是想把日子过得好一点吗？你竟然不知足，还到外面去花心，找女人……"

男人看起来很儒雅，外表一看就像个成功的商人。他很淡定，也很委屈地讲道："你说这些年我容易吗？作为一个男人，在你面前一点自尊都没有。我在公司做任何事情，你都要插上一脚。回到家里还要受气，家里的灯泡坏了、马桶坏了，本来我就能做，你偏偏自己做，做完了，等我回到家就骂我没用。过去你是个单纯的女孩，事事都会依赖我，现在做点事就变成了一个母老虎。前两年，我也劝过你，让你不要再管公司的事情，在家里做个全职太太。如果想做事，也可以做点儿轻松的事。可是你不

听,总觉得公司没有你不行。公司是我创立的,外围大小事都是我在做,怎么可能没有你就不行呢!你就是想在我面前逞威风,我的心真的好痛,但为了这些年的感情,为了孩子,我一直在忍。只有面对温柔的小女人,才能找到一些安慰……"

原本可以幸福的一个家,就这样错位了,确实可悲!

女人,真的不能太强势,永远不要忘记自己是个女人!你要做男人的内助,而不是做他的"阻力"。跟男人比高低,只会让你失去原本能够享受到的很多条件。

随着社会的不断进步,出现了很多的女强人,如女商人或女白领。可是,太强势的女人,会让男人感到无地自容、灰心丧气。事业只是女人的一部分,要想绑住老公的心,就不能太要强,不能常在外抛头露面而不顾家庭,更不能只关注自己的事业发展是否高过老公,自己的风头是否盖过老公。

男人跟女人结婚,女人有钱固然不错,但是如果女人在头脑上、事业上、生活上都高过他,甚至有时还像个老师一样给他上课,男人就会觉得自己很窝囊、很丢人。虽然他嘴上不说,但是遇到这样的妻子,他不在外面包养情人,那就怪了。

男人想娶老婆,是想自己能照顾她一辈子,是想呵护她、疼爱她,给她一个安静、幸福的港湾。而对于女强人,男人一般都很惧怕,担心自己控制不住、匹配不了。男人如同太阳,他需要身边有小星星,自己能时刻照亮她、温暖她,而不是比他大的宇宙,让他恐惧。

曾经在某部电视剧中看到过这样一个场景,电视剧的具体名字不记得了,但场景记忆犹新:

一个弱不禁风的女人，强有力地握着一根三尺长的棍子，追着一个几尺高的大男人满院子跑。她就像一头母狮："你还是男人吗？啊？让你下班买袋盐，你都买不好，你还能干点儿啥？又不会赚钱，又不会洗衣服。你说，你做个男人有什么用……"男人西装革履，躲来躲去，背上有几条脏印子。院门口围了很多人，人们窃窃私语："怎么总是这样？这男人按说也挺能赚钱，女人就是不知足，动不动就骂老公没用，唉……"

俗话说："男怕入错行，女怕嫁错郎。"站在男人的立场去想，男人何尝不是如此？其实，对于男人来说，选择了什么样的妻子就等于选择了什么样的人生。选择权在我们手中，你想要什么样的人生，就看你做什么样的妻子。女人在男人面前适当示弱不会吃亏，更何况是自己的老公。男人就算能力再差，也要尝试着去依赖他。

在婚姻中，女人可以强大，但不可以强势。在相对稳定和幸福的婚姻中，往往强势的女人一定对应着弱势的男人，这也是一种比较稳定互补的婚姻组合。但是，在婚姻中女人太强势，婚姻也很容易出问题。所以，在婚姻中，如果女人做不到强大一辈子，就不要一直强势。因为，女人太强势容易引发很多的婚姻问题。

1. 男女角色和地位的混乱

在传统的观念里，婚姻中的男女角色分工往往是比较固定的，以男主外女主内为主。虽说现在社会追求男女平等，但这种平等还只是观念上的，很难实现真正意义上的平等。但是，家庭成员之间，特别是夫妻之间，应更多体现的是地位平等。但现实中更多时候，以男人为主导的家庭还是被大多数家庭默认和接受。所以，如果女人较强势，心理和生活上取代了男人，做了一家之主，那么会在很多事情上有意无意地取代了男人的

地位，忽略了男人的感受，造成婚姻里角色位置的混乱。

2. 容易让男人失去自尊

如果女人强大，也能调理好夫妻关系，婚姻会经营得红红火火。如果女人仅仅是强势而不是强大有能力，不会经营婚姻，女人的这种强势最大的直接受害者就是男人，她会让男人养成唯唯诺诺的性格，不敢做主，没有主见，让男人失去应有的自尊。这样的状态维持一时，可能会让女人有大权在握唯我独尊的优越感；时间长了，女人会渐渐产生男人很无用、很窝囊的挫败感，终有一天女人会开始厌恶这个自己一手打造的男人，从而影响夫妻感情。

3. 容易导致男人的逆反心理

婚姻中，女人太强势，一般都不是男人所期望的结果。女人之所以能够强势，有的男人是因为爱，故意讨好女人；有的男人的确是自己无能，没办法才被管制。一旦男人被女人的强势长期压抑，就会产生逆反心理。这种被压抑的情绪长时间不得释放，很容易憋坏一个人；一旦释放，一旦爆发，婚姻就会容易出问题，走向另一个极端。

4. 易使女人对婚姻产生疲惫

太强势的女人，在面对婚姻问题的时候，往往会觉得都是对方的问题。受伤后在倾诉的时候，总会觉得自己很无辜，觉得自己那么辛苦，却没有换来男人的尊重、理解甚至感谢，反而会觉得男人忘恩负义。还会说，如果男人能照看好这一切，能让自己不管这些事是多么幸福。太强势的女人有一套理论就是，我的强势都是被逼的！其实，男人多数都愿意承担家的责任，说白了，女人的累很多是自找的。女人太强势最容易使自己产生疲惫，进而对婚姻失望。

七、学会沉默,停止唠叨

一位哲人说过:"沉默是一种修养,一种冶炼。适当的沉默,你会发现比唠叨更有效。"印度著名的诗人泰戈尔也说过:"沉默是一种德行,沉默凝聚着力量,酝酿出光辉,沉默是金。"看来,他们的话,确实有道理。

表弟来我家做客,我奇怪他怎么一个人来,问他:"弟妹和孩子呢?"表弟叹口气,说:"姐,别提她了,我就是为了躲她才来你这儿的。"原来是夫妻俩闹矛盾,我向他询问事情的原委。

表弟反问我:"姐,你说女人为啥都那么爱唠叨?我也真是受够了!"接着表弟开始抱怨了:"早上起床慢了要唠叨,孩子吃饭撒了要唠叨,干着家务也要唠叨,我下班好不容易回到家,她又开始唠叨,我不是这不对就是那不对,反正干啥都不对,她都要唠叨。"

女人爱唠叨这事由来已久,而男人对唠叨也可以说是厌恶至极了。很多女人都会觉得冤枉:我明明是为了你好才对你唠叨的;我这么唠叨你都没改,若我不唠叨你更不知道怎么样了;要不是你总丢三落四的,我才懒得对你唠叨……总之,说过这样的话之后,女人又可以找到一大堆数落男人的理由,让男人对自己的反抗无可奈何,最后只能躲避。

太多的唠叨起不到好的效果，话只说三遍，就永远不要再说了。夫妻之间要耐心沟通，少一些唠叨。

1. 唠叨乃女人大忌

也许是天性使然，结婚之后，很多女人都会患得患失，习惯性地唠叨，结果使自己的吸引力大减。

男人婚前已受过母亲的唠叨，婚后再接着受妻子的唠叨，只会让男人觉得进入"围城"的生活太无味。不管女人长得多漂亮，一旦变成唠叨婆，对男人的吸引力也会大打折扣，甚至为零。

家里有个唠叨的女人，对整个家庭来说都是噩梦。试想，当工作了一天的老公回到家里，便陷入无头绪的抱怨和唠叨中，这时他最想做的，可能就是蒙头冲出家门去；孩子们更是不能忍受你的唠叨，即使他们确实很爱你，但是大量的荷尔蒙，也会使他们做出更让你伤心的反应。

多数男人都比较理性，而女人一般都比较感性，对事情都比较敏感。男人喜欢把心思放在大事上，女人总是把高兴的事抛在脑后，而将不顺心的事挂在嘴边。如此，只能把自己搞得烦躁不安，同时也把老公弄得心惊肉跳。

女人如果要保持可爱的形象，吸引老公，就要把握夫妻对话的"火候"，管好自己的嘴巴。记住，没有哪个男人喜欢唠叨不休的女人，也没有哪个男人会尊重一个唠叨女人的意见。即使是女人自己，也不会喜欢另一个唠叨的女人，因为唠叨的女人只想到自己发言，根本不是一个好听众。

请时时提醒自己：永远不要做一个唠叨的女人，因为唠叨并不能让他更爱你。把唠叨的时间花在其他有益的事情上，也许还能得到意外的收获。

2. 好妻子不唠叨

男女双方能在了解互通的情况下结为夫妻，就如伐木在手，至于如何在岁月中精雕细刻，依赖的就是艺术了。不然，到手的木材就会成为一节朽木。

好妻子一般都知道尊重老公、理解老公，她们不会将老公的弱点当歌唱，不会抓老公的弱项为把柄，不会把老公没干成的事、没完成的目标当成有味的泡泡糖，每天晚上嚼一遍。

唠叨如一股寒流，会冻结夫妻间感情的畅通，而使自己的吸引力迅速消退。看到老公回来，好妻子会帮助宽衣，接住物品；知冷知热，送过热茶，诸多"小恩小惠"频频出手；浪漫的年轻人还会手拉手、拥抱、接吻。融化一颗心的同时，也能获得这颗心的感激与回报，凡事不要唠叨，也能一拍即合。

唠叨会使人心烦，这是人人皆知的道理，所以爱唠叨的女人是愚蠢的。聪明的妻子，肯定不唠叨。聪明的好妻子，知道好话不在多，善言重复不过三；她们独具慧眼，能一眼看穿老公喜欢什么、反感什么，既能投其所好，又能让老公乖乖顺从自己；她们懂得注意分寸、把握时机；她们会简约语言，懂得若唠叨没完会适得其反。

女人的唠叨不仅不是关心，反而容易成为夫妻间战争频发的导火线。既然此路不通，何不迂回一下，化唠叨为促膝交流，这远比唠叨的效果要好得多。聪明的妻子，总能找到最佳的方式，让夫妻间的矛盾解决在"不言中"。记住，千万不要妄想用唠叨的方式套牢一个男人！

八、倾听是增进感情的最佳途径

在竞争异常激烈的采访领域中，美国著名主播芭芭拉·沃尔特斯之所以能够获得长时间的成功，就在于她在被诉者面前始终扮演一个倾听者。沃尔特斯虽然不像好莱坞明星那样独有魅力，却赢得了更多人的心。同样地，夫妻之间更应该学会倾听，要用整个身心去细心感受对方的心理需要，倾听对方的意见。

比如，老公回到家里显得忧虑和沮丧，无论妻子说什么都不会引起他的兴趣，这时就要低声调说话，给老公一点爱抚。或者放下手中的家务，静静地坐在老公身边，用心倾听他的心声，帮他缓解内心冲突。只要老公在学习、工作和生活中受到挫折，妻子都要设身处地地聆听他的思想与心声。妻子冷静明智的劝导安慰，正是他所渴望的。

早上起来，接到朋友小可的电话，他说这日子没法过了，必须离婚。原来，小可工作上遇到点麻烦，心情不爽，回家就和妻子抱怨，工作累、不出成绩、想跳槽等。妻子正为了孩子的事心不在焉，也没在意听。

小可心情不好，很想得到妻子的安慰，结果发现对方毫无反应，所有的负面情绪瞬间涌上心头，如洪水般发泄出来。妻子也不爽，两人就吵了起来。吵到激烈处，伤人的话如刀飞出，刀刀命中对方。后来，妻子摔门走掉，一夜未归。小可气愤地说："我心情不好，如果她能体谅我，哪怕听一句也好呀，看她麻木不仁的样子，过够了，不行就离婚。"

小可和妻子是异地恋，坚持了三年才修成正果，按说感情不错。可婚后的相处却总是不尽如人意，三天一小吵，五天一大吵。若仔细分析他们吵架的原因，每件事情都不值五毛钱。那么，为什么感情好的人，走入婚姻反而有了隔阂？

心理学上有一个观点，伴侣之间要学会倾听对方的情绪并加以解决，而不是控制或漠视，这样相处起来才会融洽。也就是说，小可的妻子没能很好地学会倾听，并没有理解老公的诉求，一方在倾诉，另一方却充耳不闻，双方情绪都不在同一频道上，自然会产生不满，爆发争吵。

其实，婚姻里所争吵的从来不是表面所认为的那个问题，而是彼此感觉不到对方的爱、支持或理解。

会倾听的女人最美丽！倾听是一门艺术，是一项技巧，是一种修养。无论身处何地，工作也好，生活也罢，都需要坚守一份平静的心情全神贯注地倾听。须知，懂得倾听，也就理解了万物存在的真谛。

倾听大海的呼唤，能够理解浪花盛开的壮观。由物及人，就能渐渐明白倾听的奥妙所在。学会倾听，做一个高情商的倾听者，你的魅力就会让老公无法抗拒。

女人工作压力很大，回家不爱说话，也不让老公多说。而老公在一个重要部门任职，有太多不能自我排遣的烦恼，妻子不爱听，他就在外寻找倾诉对象。于是，孤男寡女就这么出轨了。

女人跟一个同学请教，同学现身说法，说：我的一位前女友，前段

时间总是找我聊天,甚至家里的私事也找我商量,她还抱怨和丈夫无法沟通,想分道扬镳……同学最后总结道:凡只限于夫妻间说的话,妻子若不想听,对方就会在别处寻找听众。所以,出轨多半是因为家里没有听众,没有可排遣情绪的对象。

同学的一番话,点醒了女人。从那以后,女人努力改变自己,力争做个"首席听众"。她也不再吐字如金,而是每天鼓励老公多说话,不管他怎么回答,女人都保持一副饶有兴趣的聆听姿态,让他把积压在心底的话都掏出来。

渐渐地,夫妻之间的话越来越多。不管在外面遇到什么不开心的事,只要彼此说一说,烦恼就会化为乌有。

夫妻的角色就是彼此的首席听众,如果你不去倾听,说不定哪天别人就顶替你上岗了。

做个善解人意的好妻子,首先就要知道倾听的魅力。因为夫妻之间必须让沟通的车轮不停地运转,才能幸福无限。倾听者一般都富有同情心,愿意分享对方的弱点,愿意听对方诉说不愉快的情绪,想让老公更喜欢你,就要做个好听众,千万不要逃避。

会倾听的妻子,在考虑自己的需要前,会先考虑老公的需要,并会支持和帮助他。只要你愿意进入他的心灵和头脑,乐于分享他深层次的感受,他就会向你打开心扉,向你诉说。因为每个人都渴望被关怀,且真诚的倾听者也确实能做到这一点。

你洗耳恭听,用心地倾听他的心曲,无须多言,对方便会感受到你的爱。你的聆听会告诉他,他是世界上最重要的人,因为你没有用言语阻碍他倾诉的机会。

九、赞美、鼓励你的爱人

实话实说是一门艺术！说得好可以救人，说得不好可以杀人。

为了自己的面子，小玲总会在朋友面前夸老公多么出众、多么优秀，而真正和老公在一起的时候，她却会像个泼妇似的叽叽歪歪、唠唠叨叨，嫌老公这也不好，那也不好。终于，老公忍无可忍："既然我这么差，那离婚吧！"

赞美男人是女人的一个重要素养，因为男人都喜欢听到心爱的女人赞美他、欣赏他。所以，对男人一定要多说好话，多鼓励。小玲在这点上就做得不够好。

鼓励可以使白痴变天才，批评却可以使天才变白痴！"赞美"这两个字很多女人都懂，都会说，但是很多女人却说得不对场合，不对人。婚后，很多女人会认为，既然都是一家人了，可以畅所欲言了，想说什么就说什么。逞口舌之快，结果只能跟老公同床异梦，自己还根本不知道错在哪里。

一位牧师曾说过这样一句话："你每说一句话，每发一个音，都会被记录下来，即使旁边没有人。山会记下来，水会记下来，凳子桌子也会记

下来。千万不要以为你说的话没有用，不会产生什么影响。"所以，要懂得赞美老公，多多益善。

很多婚姻关系之所以会破裂，就是因为讲话太随便。古训告诫我们，夫妻之间要相敬如宾，不是没有道理。牵手步过红地毯后，要想让爱情之树常青，想长久保持自己的吸引力，就要不时地给对方三两句赞美之语。因此，一定不要吝啬你的赞美，同时也要懂得如何赞美。

1. 称赞老公的长处

受到赞赏时，男人一般都会很受用，能抓住这点去称赞男人，女人便能战无不胜。但要注意的是：不是每个男人都爱当众受人称赞。所以，要了解他。同时，不同的男人要用不同的赞美方法。多数男人听到妻子称赞自己驾驶技术高会很开心。当然，这样的称赞也不能太随便，要认真观察，自然地去赞赏，使他振作起来。

2. 捕捉最佳赞美时机

同一句赞美在不同的时间、地点、场合，所起的作用和效果也迥然不同，因此赞美爱人，就要抓住最佳时机。

（1）做出成绩时。比如，老公被评为先进、有文章见报、职务高升等，此时如果能听到一句充满柔情蜜意的赞美，他们的喜悦之情定然会难以言语。

（2）家有客人时。亲朋好友登门拜访，举杯言欢时，不失时机地说一两句，诸如"我老公很孝顺老人""我老公对朋友特别好"等赞美的话，他的心情定然会非常愉悦。

3. 赞美从小事开始

男人为你做事，不管是好是坏，都要以鼓励为主。多数男人都愿意为女人做事，即使没想到，你告诉了他，他也会尽心尽力去做。但做得好不好，做得多还是做得少，很大程度取决于你自己。

男人最头疼的大概就是给女人买礼物了，有些女人偏偏在这些事上不解风情：情人节老公请她吃烛光晚餐，她嫌贵；老公请她打网球，她嫌太累；老公请她看电影，她说想睡觉；老公送她巧克力，她说吃了上火；老公为她买了玫瑰，她说情人节的玫瑰最贵，买花的男人全都没心没肺……面对种种理由，而且还是合理的理由，老公怎么办？他并没有犯什么错误！

所以，如果情人节老公买花送你，要谢谢他的浪漫；如果他买了衣服给你，千万不要说难看……不管他给你买什么，都代表了一颗爱你的心，要对那颗心存着感激。

4. 鼓励他"你是对的"

从表面上来看，"你是对的"只是平平常常的四个字，但要把它们连在一起，从女人嘴里说出来，就很难了，更不用说两个人面对面独处的时候了。不管老公是在抱怨办公室的不公，还是在发表政治意见，只要附和一声，就意味着你是站在他那边的，而且深信他是最精明且有远见的。

5. 随时赞美对方

女人如果确实爱你老公，现在就要告诉他；如果能够感受到他的好处，就要随时赞美他。女人爱听甜言蜜语，男人也同样需要，即使他的个子不高，也不妨让他觉得自己"高与天齐"！

6. 赞美不是谄媚

老公或许并不知道自己好在哪里，但绝对清楚自己欠缺了什么，因此不着边际的谄媚并不能达到任何效果，只有发自内心的称赞才能给他带来莫大的鼓舞。对于能表现男人味的特质如体力、勇气等的赞美，会令他引以为傲；偶尔请老公修电灯，到高处取个东西，都是对他的一种恭维。

有些男人不习惯当面得到他人的赞美，即使是妻子的称赞，他也会皱起眉头。不要惊慌，那不一定是不悦，很多时候只是男人的不知所措罢了。所以，不需要刻意地创造机会称赞他，只要明确指出他的哪一点与众不同即可。

女人篇

第三章　幸福婚姻

一、保持夫妻间的神秘

男人天生就比较喜欢猎奇，比较喜欢冒险，总喜欢追求新鲜的事物。如果在结婚后，女人总是一成不变，男人多半都会逐渐厌倦。如果希望男人更加宠你，更加爱你，你需要做的事情就是让自己保持神秘感。

随着时间的推移，夫妻间的吸引力会有所减弱，如果还想保持爱情的甜蜜，夫妻之间就要提高彼此的吸引力。如何实现这一目的呢？方法之一就是保持夫妻间的神秘感。

1. 增加新鲜感

婚后的夫妻，每天都要以新形象出现在对方面前，这种新鲜感会使爱人产生喜悦之情，觉得爱人仍如恋爱时那样富有魅力。结婚后不再注重外表修饰，认为没有必要，甚至把婚后的打扮看成是"有外心""不安分"，是一种陈腐的观念。

你是否有这样的体验：

某一天，你换上一套合体的新服装，突然出现在老公面前，老公就会感到眼前一亮，甚至会有"似曾相识燕归来"的感觉。其实，你还是老样子，却在老公心里产生了一种新鲜感，这种新鲜感就是一种吸引力。

爱情不同于友情，它是建立在性意识基础上的。增加夫妻双方的异性特征，会加强爱情的魅力。比如，作为妻子，如果能够温柔一些，声调放低一点，也会使老公感到有一种新的吸引力。满心欢喜地打开门迎接他，即使他郁郁寡欢或压力巨大，也会心情愉悦地把每一次开门迎接都当成是一次重逢。

2. 保留一点神秘感

太过坦白，不利于增进感情。保留一点个人的小秘密，令对方不时有新的发现，更可以巩固感情。

男人是用视觉来爱和生活的，女人却是用听觉和感觉来爱和生活的。有些女人早上没等老公起床就已经化好妆，穿着漂亮的衣服出门了。晚上老公回到家，妻子已经卸好妆，穿着邋遢的睡衣在屋里看电视了。老公看不到妻子最漂亮的一面，当朋友对他说"你的老婆很漂亮"时，老公多半会感到很诧异，因为他根本就没有见过妻子漂亮的一面。所以，要在老公面前多些新鲜感和神秘感。

这里，重点提到的就是内衣。商场里内衣专柜的高档睡衣，从几十元到几万元的都有。贴身穿着，谁也看不到，为什么有的还那么贵？事实证明，合适的内衣比裸体更有诱惑力。因此，妻子要想对老公展示自己的朦胧美感，就要学会掌握遮掩的艺术。如此，既能收到"欲盖弥彰"的效果，又能保留神秘感。

3. 别让他太放心

千万别做"三心"女人：老公看了烦心、想起来恶心、丢在家里放心！跟老公的关系到了一定程度后，可以适当减少同他接近的次数，或偶尔和别的朋友游玩，当然不能太频繁。老公一旦发现了这种情况，很可能会醋意大发，高度紧张起来，紧追着你不放。

偶尔也可以扮点酷，让他搞不清楚你心里的想法，独自去揣测，这时他就可能主动用一些语言和动作来安抚你。当他问"为什么每天带着冷酷

的脸色"时,你可以轻轻地告诉他"这几天心情不好",激发出他对你的爱恋。

在日常的相处里,小妒忌也能起到很好的效果,既能表示你对爱侣的重视,也会让他觉得你很可爱,但要注意适度,不能成为"大醋缸"。

4.爱也需要降降温

不要一味地跟老公表白,可以兴致勃勃地谈些与他无关的事情;不要总把注意力放在他身上,要对身边的事物表现出极大的热情。如此,一旦老公的强烈爱意被点燃,他就会痴痴地等电话,赴约会,没完没了地向你表达爱意,你们之间的感情也就升温了。

二、婚姻里没有谁对谁错

"有多少春秋可以再来?有多少爱可以再来?有多少事可以再来?……"人生短暂,不要总是将眼睛盯在不快乐的事上。夫妻能够生死与共,痛苦也会变成欢乐。以爱情为基础的婚姻,是人间无可比拟的幸福。给爱情增加色彩,给婚姻添加甜蜜,生活就会更加幸福快乐!

成功,不是随随便便的;婚姻,也不是随随便便的。人生如棋,一步走错,就会全盘皆输。婚姻更是如此!婚姻是女人生活中最重要的一部分,要跟他相偕到老,不让自己遗憾,就要把握好跟老公在一起的每分每秒。

在大家的祝福下，小樱与爱人结婚了。她和大部分女人一样，对婚姻有着美好憧憬。可是，由于双方生活习惯不合，彼此不懂妥协，经常会发生争执，别扭时有发生。

这天，老公晚上没有回家吃晚饭，说是应酬。小樱觉得这不是第一次了，心里感到很不爽。电话一个劲地催过去，直到对方关机。

时钟走到零点，老公还没回来，小樱非常气愤，想了很多处置老公的方法。凌晨一点，老公终于回来了。他喝得醉醺醺，一进卧室，就被小樱赶了出去，只好窝在客厅的沙发上睡觉。

小樱本来等着老公过来哄她，结果很长时间都没有听到动静。小樱越想越气，跑出去一看，老公竟然打着呼噜睡着了。小樱更气了，用力推了他几下，可是老公睡得很香，她只能气呼呼地回房，气得一晚上没睡好。

天亮了，小樱心想：早饭我不给你煮，看你怎么哄我！于是，躺在床上，不起床。

早上九点多，老公还没有起来，小樱决定跟他大吵一架闹离婚。她冲出卧室去拉老公，结果发现老公已经停止了呼吸。送到医院，抢救无效。小樱发疯似的喊老公，可是他再也听不到了。

医生了解了事情的经过，问她："你老公昨晚喝了假酒，为什么不早点送来？"小樱非常后悔，为什么要跟老公赌气，如果多一点体谅、多一点体贴，事情就不会这样了……可是，世界上没有"后悔药"！

婚姻，需要彼此呵护，需要带着感恩的心去面对，不能轻易伤害对方。不要因为一些小事而酿成大错，不要轻易做出让自己后悔的事。夫妻要想成为一辈子的情人，需要学习的很多，如果能做到不分对错，多半就能让爱情指数飙升。

在婚姻中成长

　　闺密小晴和老公吵架了，一气之下离家出走，到了我这里。我还没开口，她就开始气呼呼地抱怨："这日子简直没法过了！我老公简直就是一块又臭又硬的石头，明明他错了，死不承认，还自以为是。我和他过不下去了，三天两头吵架，他从来不认错，还说我的想法荒唐。"

　　接着，小晴历数了老公的种种"劣迹"，以证明他是个大错特错的人。小晴还说："当然，最大错特错的，是我嫁给了这种人！"

　　在教育孩子方面，小晴非常严格，也非常用心，不仅买了很多教育方面的书，还经常听一些育儿专家讲课。而老公则对孩子不闻不问，有时小晴刚给孩子布置了学习任务，老公就招呼孩子下楼去玩。小晴气不打一处来，老公却振振有词："孩子要放养，你这样做会扼杀孩子的天性。"在教育方面，两个人存在着"不可调和的矛盾"，小晴对老公的"谬论"又气又恨。

　　在对待老人方面，两个人也有很大的分歧。婆婆一个人在乡下住，老公总想把她接到城里，可老人家实在不愿意在城里憋着，说会把人闷坏。小晴的观点是，百孝顺为先，既然老人喜欢乡下，也习惯了乡下的自由生活，就该遂了她的愿，周末的时候多回去看看她就行了。小晴说得头头是道，听上去很有道理。可是老公坚决不同意，说是老人年纪大了，一个人守着老屋，日子过得太冷清；乡下医疗条件差，看个病都不方便。老人家血压高，如果住在城里，生病了，几分钟就可以到医院。两个人为这事一直争执不下，闹了好几次。

　　这些分歧还都不算什么，最重要的是家里的大事，他们的观点也常常不一样。马上就要买房子了，小晴的意思是买个面积小点的，够住就行，还贷压力小，生活也轻松。可是老公想换大房子，说小房子根本就是鸽子笼，住着憋屈，大房子住着才舒服。他们正年轻，贷款买房子虽然有压力，但压力也是动力，可以激励他们更加努力创业。闹到最后，小晴说："咱俩人生观不一样，不知道当初怎么就阴差阳错找到了你！"

其实，所有的夫妻都遇到过类似的分歧。这本是正常现象，她说糖是甜的，他说醋是酸的。两个人谁错了？谁都没错。婚姻生活中，不要讲对与错，没有必要针尖对麦芒，非得争出个谁是谁非。两个人都是出于对家庭的责任感，都希望生活会更好，这样说来，谁的观点都是对的，只是看问题的角度不同而已。

在婚姻生活中，重要的是沟通，不是讲对错，通过沟通，找到一种更合理的处理问题的方式。如果遇到问题就剑拔弩张，不仅解决不了问题，还会激化矛盾，影响感情。婚姻生活中，别论谁对谁错，要尝试相互理解和宽容，找到解决问题的最佳途径。

三、冷静处理婚姻中出现的问题

婚姻开始的时候，都会经过一个磨合期，无论谁不适应，都要给对方充分的时间，不要过早地下结论。

夫妻之间，有白也有黑，有分也有合，有冷也有热，有情也有爱，有水也有沙。大千世界，茫茫人海，两个人能走在一起结为夫妻是何等的不易。所以，夫妻之间更应该相互欣赏，以诚相待，珍惜所有。

在婚姻中成长

1. 遇到第三者不要怕

古人言"男怕入错行，女怕嫁错郎"，虽然现在是新社会，离婚对每个人来讲都较以前自由，但一个家庭的解体毕竟是件很悲伤的事。尤其是将家庭和爱看得极重的女人，更是如此。

现代社会对男人的诱惑实在太多，发现婚姻有什么不妥的蛛丝马迹，一定要尽快补救。

一对曾经相濡以沫的夫妻终于靠自己的双手换来了富足的生活，但是老公却在这个时候另结新欢。老公向妻子坦白，因为他不忍心欺骗生死与共的糟糠之妻。

妻子不哭不恼，只说："让我再为你做一碗面吧。"老公疑惑，立刻答应。不一会儿，一碗热气腾腾的素面端了上来，老公满脸是泪，跪在妻子的面前，泣不成声。

既然不是山珍海味，既然碗里连一根肉丝也没有，老公为何会如此感动？因为这碗面有爱的味道。在那些落魄的日子里，妻子用冻得发红的手擀出一碗碗的面条，让他的胃吃起来舒服一些。同甘共苦的日子包含了妻子的艰辛，一件件，一桩桩，都在这碗面条的热气中回放。从此以后，老公再也没有提及过此事，因为他离不开爱的味道。

遇到婚变，要冷静，不要感情用事，更不要轻易提离婚，要宽容且客观地和当事人谈清楚；千万不要冲动，要给双方机会。但也要知道，因家庭琐事离婚有可能复合，但有第三者插入就要做好心理准备。

不要总责怪第三者，婚姻中的两人都有责任，一定要反省自己在婚姻里做错了什么。做了所有的努力后，把婚姻保住、把人留住是最好，但如果真的留不住，就要理智地把利益争取到最高，让他知道做错事情是要付出代价的。

2. 控制自己的脾气

爱发脾气的女人，最令男人苦恼和遗憾。英国生物学家达尔说过："女人要发脾气就等于在人类进步的阶梯上倒退了一步。"这话虽然有些极端，但发脾气的确容易使人失去理智，甚至会使亲朋好友成为冤家对头。女人一定要学会控制自己的脾气。

随意发脾气，任意发泄自己的不满，只会表现出女人缺乏涵养；容易暴躁，恰恰是一种自我贬低的愚蠢举动，真正是丢了自己的"脸面"。因此，女人最好少发脾气。

夫妻间遇到事情，要学会退让。如果不是原则上的大事，就要向后退一步，做到大事化小，小事化了。

3. 夫妻之间一定要沟通

俗话说"灯不点不亮，话不说不明"，夫妻间的相互沟通非常重要。不要盲目崇拜沉默是金，夫妻之间如果整天不苟言笑，或感到无话可说，就要警惕了：两人的关系是不是出现了危机？夫妻之间应该是心心相通的，把知心话说给对方听，小声密谈，既是一种享受，也是一种亲密的沟通。

（1）沟通中的注意事项。夫妻之间的沟通，要注意下面几个问题：只有在双方心平气和的时候，才能产生好的结果；不要对对方进行谴责、侮辱，不要提及或捉弄对方的脆弱之处；不要旧账重提，除非它与目前的问题有直接关系；不要急着表达自己的意见，各说各的，会让沟通效果大打折扣；要站在对方的立场上，用心了解对方的表述，不论听到什么，不管对方的表达是对是错，都不要急着辩驳或指正；要试着去承认对方的真实

感受，使他愿意放下防卫，弱化个人的坚持，进而聆听到你所说的话。

此外，在沟通过程中给对方反馈，要告诉他："你的意思是……""你是说……吗？"避免因听错而产生不必要的误会；要清晰地告诉对方自己的感受、观点、期待、渴望与需求，让对方了解你的内在状态；不要只停留在表面事件的讨论及问题解决上，要把真正的感受表达出来，让对方了解你的关注重点；不要把注意力放在谁是谁非上，否则容易伤害彼此。

（2）表达各自的观点。在适当的时间和环境下，夫妻双方可以发表自己的看法。表达自己的观点时，要选在对方心情好的情况下，要利用女人的优势来引导老公，老公要用严谨的逻辑让妻子认同。

（3）请选择最后一个做法。如果老公答应出差下飞机后就打电话给你，最后却没有做到，害你担心了一个晚上。他终于打电话来了，你很愤怒，这一刻，女人通常会采取以下七种做法：

①冷嘲热讽。问："你终于舍得打电话给我了？我还以为你不知道我在等你电话呢？"这是女人在盛怒之下的首选方法，认为这种方法比直接骂他更能泄心头之恨。

②破口大骂。说："你为什么现在才打电话来，你说话到底算不算数？你是不是人？"女人这样说，往往是为了刷存在感，提高老公对自己的重视。

③翻翻旧账。说："你不是第一次这样了，以后也不要打电话给我，我不会再等你电话。我不是永远站在电话旁边等你的那个人。"这种女人一旦对老公的做法不满，常常会联想到以前，会喋喋不休地斥责老公。

④小事化大。质问他："如果你不爱我就算了，我不会再逼你打电话，你自由了，你根本没有爱过我。"这种做法最不明智。

⑤以牙还牙。他不打电话，你不留在家里等电话；他打电话来，你也

不接。两天之后，他找到你，紧张地问："你去哪里了？"你冷笑："谁要在家里等你电话？"让老公也体会一下不接电话的苦楚。

⑥忍气吞声。拿起话筒，冷淡对待，他问你一句，你答他一句。他听到这种语气，就会自动报告行踪。

⑦温柔以待。拿起话筒，温柔地说："我很想你，你什么时候回来？"

在这几种方法中，最有效的方法就是最后一种，要尽量减少前面的几种做法。

4. 避免和减少夫妻间的冲突和矛盾

夫妻之间的冲突不可避免，但能够避免的要积极避免。

（1）保持冷静。批评对方，要用温柔的声调，消除逆反心理。一方发火时，另一方要保持冷静，防止火上浇油，避免矛盾激化。凡事要忍让，宽厚一些。可以轻视其他人，但不要轻视爱人。争论时不要拍桌打凳，更不要高声叫喊。做错事，要请求对方原谅。虽然吵架两人都有错，但最错误的是讲话讲得最多的那一方。

（2）不要立刻做决定。不要在心情不佳或双方争执不下的时候贸然做出决定，事过境迁后，再心平气和地去处理。因为一气之下所做的决定必然会有遗憾，婚姻生活的悲剧大半是这样造成的。人们的心情好坏呈周期性变化，看到对方情绪不好，要多理解。夫妻应当相互尊重对方的看法，意见不一致时，只要这些看法不涉及原则，不违背情理，就应尊重对方。夫妻之间发生了直接顶撞，矛盾处于白炽化，就是报警信号，千万不要火上浇油，要采取火上覆盖沙土的办法，使火势慢慢减弱，直至最后熄灭。

（3）避免矛盾激化。双方都大动肝火时，要立刻理智地转移自己和对方的注意力，把双方从这件事上引开来，比如，打开音乐，让自己的思绪沉浸在优美的音乐声中，如果对方也喜欢这支曲子，就会从吵架的角色进

入歌曲或乐曲的角色。音乐会缓冲不愉快的气氛，待到风平浪静时，再心平气和地交换意见，效果比大动肝火时要好得多。

对方向你大发脾气火势正盛时，最好不要反唇相讥，应保持沉默，只做自己的事。因为，沉默也是一种有力的反抗或认错，使对方有火无处发。当对方冷静后，再耐心交换意见，或向对方承认过失。如果是对方错了，也应表示谅解。

夫妻俩正吵得轰轰烈烈，继续下去，势必会伤害另一方。此时，一方应主动休战，拿出两人定情时的信物，如衣服、装饰品、书等，故意在对方面前摆弄，暗示对方：你是要爱情还是要争吵？当对方看到另一方的态度时，也许会平静下来。也可以邀请对方看电影，或参加舞会，或去公园，等等。借助热烈的、激动人心的场面，进行良性暗示，消除对方的怒气。

四、神秘的距离

距离是一种两地相思的感觉。当然，这里说的是爱情，不是要大家两地相思，而是灵魂的距离、身体的距离，是若隐若现的距离。

1. 美丽的距离

没有距离就没有美，夫妻间的美是依靠距离来产生的。距离是相互欣赏美的条件，如同油画，近了，只能看到色彩，缺乏美感。脚上的鞋之所以可以保暖，是因为脚和鞋有空间；暖瓶之所以保温，是因为水和大气间有瓶胆；夫妻间之所以幸福和谐，是因为感悟了道理：亲密有间！适当的距离产生美，适当的距离心心相连。

一大早，我刚拉开门，一个人影龙卷风似地卷进了我家。定睛一看，原来是朋友晓丽。她扑进我家说的第一句话就是："我老公想要和我分开一段时间，怎么办才好？"我一听，也紧张起来。要知道，他们两人刚结婚，还在蜜月期，这么快就城门失守了？

我赶紧询问原因。晓丽哭哭啼啼地说："我老公嫌弃我，我觉得他已经不再爱我了！"她抹着眼泪数落老公的种种"罪行"："我喜欢看《三生三世十里桃花》，也想让老公陪我看，他不但不看，连我跟他聊凤九、夜华，他都不想听。周末我去逛街，想让他陪着，可他即使打游戏也不愿和我去。恋爱时他对我多体贴呀，我干什么他都陪着，可现在怎么这样了？我怕他不爱我了，就想着查查他的手机，看看是不是有什么情况，结果被他发现了……"

晓丽声音渐渐低了，大概是自己也觉得理亏，但她还是万般委屈地吐槽："恋爱时，我也经常黏着他，他还说我可爱，可现在怎么就接受不了了？"我戳戳她的脑门："那时候你们在热恋，他会觉得你黏他是在乎他。可是现在你们结婚了，要过长长久久的日子，哪个男人能受得了一天24小时都和老婆在一起呀？"

两情若是久长时，又岂在朝朝暮暮？亲密不越界，是婚姻幸福的最佳距离。很显然，晓丽越界了。控制欲太强，把男人的空间侵占得丝毫不剩，只能使他的心情变得糟糕。最好重新认识婚姻中的自由，给自己一些空间，也允许对方为自己的地盘画线。

两个气球靠得太紧,互相挤压,最后必然爆炸。任何激情都可能因为距离的接近而淡化甚至消失,"刺猬法则"告诉我们,人与人之间其实就像是相互取暖的刺猬,只有适度的距离才能更加和谐地相处,不被彼此刺伤。

距离产生美!夫妻相处,更要遵循"刺猬法则"。如果女人把全部身心都扑到男人身上,太重的爱反而会让男人压力山大,甚至有窒息的感觉。最终的结果往往是,男人身在福中不知福,想方设法大逃亡,活生生被逼成当代陈世美,好好的婚姻碎了一地。

2. 小别胜新婚

夫妻间朝夕相处,习以为常,一旦分离,就会朝思暮想。偶尔独自出行的距离感,能够让男人重拾对你的紧张意识。环境一旦发生变化,感情在个性感受的差别中就会增加活力。即使两人相处一般,一旦一方出差了,两人多日不见面,等一方出差回来,也会感到关系似乎更好了一些。这就是感情在感受的差别中得到了变化。

夫妻间发生了矛盾冲突,两人待在一起肯定会感到难受。此时,不妨找一个适当的理由小别几日,不但会使彼此更好地反省自己的行为,还能激发双方爱的思念。同时,自己也能冷静下来,内省一番。等到恰当的时候,再心平气和地交换意见。

女人不要惧怕与爱人暂时的别离,只要能正确对待,重视分离期间的信息联系,暂时的别离反而会使你加倍品尝到婚姻里爱情的甜蜜。"小别胜新婚"的道理就在于此!

刚谈恋爱时,男人都是死心塌地地对待女人,会给女人千般宠爱和万般激情。可一旦确定恋爱关系或结婚后,男人就会发生变化。很多婚后的女人都会抱怨说男人变了,得到手后就不珍惜了。其实,这不能完全怪男人，女人也是有责任的。婚后，夫妻间没有保持好距离感，让男人婚前与婚后出现了天地之差。那么，如何让男人在婚后也能像恋爱时那样爱你呢？那就是必须保持恋爱时的态度。

恋爱中的女人都很在意自己的形象，会打扮自己，会和心爱的男人保持距离，穿戴不整齐，妆容不到位，绝不敢赴约；即使在一起约会，女人也会让自己表现得落落大方、气质高雅。其实，这就是一种距离。而婚后呢？两人相处时间长了，彼此太过熟悉了，就会将恋爱时的美丽忘得一干二净，形象不注意，语言不注意，就连害羞的表情也没有了。这时候，如果问男人为什么不爱你了，相信男人同样也会在心里反驳你："你也变了，和恋爱时不一样。"所以说，婚后的女人，即使让心爱的男人娶了你，也要保持恋爱时的距离感和神秘感。

五、有一种出轨，叫作"被妻子逼得出轨"

生活中，经常会听到男人这样抱怨：老婆不让我跟女同事交往，我刚一离开，她的电话就来了；晚一点回家，电话就不断；老婆会偷偷查看我的通话记录，还让我将银行密码、QQ密码等一个不漏地告诉她；周末不让外出，只能在家陪她……男人失去自由，被妻子以爱之名给绑架住，是逼着他出轨的缘由。

有一对夫妻是所有人羡慕的对象，他们经常在朋友圈秀恩爱，总是在

各种场合下秀甜蜜。多年来，很多人都开玩笑说：自己本来不相信爱情了，但看到他俩，又一次相信爱情了。

可是，渐渐地，男人就觉得女人变了。女人总是威胁他，他觉得浑身难受，越来越无法接受。比如，下班回到家，女人总让男人立刻给她做饭吃，不然晚上就不让他上床。开始的时候，男人觉得只是玩笑，也愿意为她做，所以他总是笑嘻嘻地去做饭。可是，如果做得慢了，女人就会说："还不快点，你是不是要饿死我？再不做好，你晚上就跪搓衣板吧。"因为很爱她，很疼她，男人也就没有计较。

可是，到了后来，女人更加变本加厉。有时男人在外面跟同事聚餐，晚点回家，她就会发来一条短信：10点前不回家，你就别想进门了。有一次男人跟同事聚会，回到家比较晚，快12点了，女人就不让他进门，说他眼里只有同事，没有她。男人很生气，说："你这么蛮横，谁能爱你呢？"于是，那一晚，他就在外面的酒店住了一夜。后来，女人哭了一夜，想着自己付出那么多，他竟然这样对她……可是，那时候男人除了心疼，更多的是一种快感。

男人觉得自己像个傀儡，被女人控制着，叫他做什么就得做什么，否则她就不高兴，男人一点都不自由。用爱来控制对方，威胁对方，是无法达到婚姻和谐的目的的。

爱情的双方是平等的，总拿对方给你的爱来要挟对方，只会不断伤害对方。很多女人总是在老公发生婚外情或找到情人以后，才一把鼻涕一把泪地反省自己，说一些后悔的事，悔不该当初那么冷漠、强势、自私等。其实，大部分婚姻的破裂都是双方的责任，因为夫妻是婚姻的共有者。

婚姻一旦出现裂痕，大都是问题长期积累没有得到解决导致的。出轨不是一蹴而就的，婚姻也不是瞬间灭亡的，所有感情的败落都是由小到大，从小的矛盾发展到大的隔阂，依次递进发生的。婚姻好比围墙，可再高的墙也无法关住想出墙的红杏，老公要出轨拦也拦不住。不过，老公出轨总是有原因的。

1. 不堪忍受妻子的唠叨

爱唠叨是女人的天性，尤其是上了年纪的女人，很多家庭矛盾源于没完没了的唠叨。老公在外工作一天，疲惫不堪，回到家中想要的其实很简单，就是一句温馨的问候、一桌家常便饭。哪怕很简单，也能让老公感到家的温暖。妻子不停地说个没完，翻来覆去讲生活中的种种琐事，只能让本来就奔波疲劳的老公不胜其烦。久而久之，老公不想回家，出轨在所难免。

2. 不堪忍受妻子的强势

如果妻子是个女强人，本身就会让老公感到一种无形的压力。如果老公能力有限，可能会觉得自己什么都不如妻子。时间长了，就会在心理上感到不平衡。甚至有时候妻子明明是为了他好，在老公眼里可能就是一种瞧不起的暗示。一旦心理矛盾堆积到一定程度，他们就会找些楚楚可怜的女子来保护，以此寻回男人的自尊。

3. 不堪忍受妻子的抱怨

怨妇型妻子总在传递负能量，不仅外人烦，老公更烦，甚至还躲不掉。比如，抱怨老公薪资不如别人，抱怨老公家人不大方，抱怨孩子不懂事……这种话说多了，老公会觉得自己很窝囊，产生消极情绪。最后就会通过外遇来填补心灵的挫败感，奔向情人的怀抱。

4. 不堪忍受妻子的攀比

攀比未必是女人的天性，但是女人攀比起来确实很可怕。每个女人都希望自己是最好的那一个，得到的也想是最好的。整天在老公耳边说谁的

衣服比我的好，谁的包包比我的名贵……久而久之，老公就会感觉自己不被老婆认可，感觉自己比不上别人，继而引爆夫妻战火，造成不必要的矛盾。如此，老公就容易被外面温柔贤惠的女人吸引，从而出轨。

5. 不堪忍受妻子的风流

女人的美丽是一种资本，但是在结婚之后，这种美丽只属于老公。妻子过于风流，就会直接导致老公的不信任，老公就会担心被戴"绿帽子"。妻子和别的男人相交过密，争吵自然就会增多，最终会相互猜疑。出于报复心理，有些老公就会选择出轨。

6. 不堪忍受妻子的没情趣

妻子身兼多职，不仅要对老公关怀有加，还要有情趣，要懂得生活。如果妻子对夫妻生活毫无情趣，一心扑在家务或孩子身上，老公就会感觉索然无味，就会在外边"偷腥"。

7. 不堪忍受妻子的不敬老

孝敬老人是美德，是责任，是义务。聪明的妻子会把老公的父母当作自己的亲生父母来对待，愚蠢的妻子就会不敬重老人，弃之如敝屣。作为男人，娶妻不仅是为了自己的婚姻，更为了孝顺双亲，如果妻子对老人不好，孝顺的老公可能会出轨，寻找其他女人来发泄生活中的烦恼。

8. 不堪忍受妻子的管太严

在婚姻生活中，要给老公一定的自由空间，给老公最大的信任。把老公管得太严，就会让老公感觉不自在，就像是被上了枷锁一般。在妻子不注意的时候，他们就会寻找"偷腥"的刺激。

9. 不堪忍受妻子的占有欲

女人对自己老公会产生控制欲和占有欲，这是正常现象，但如果欲望太强烈，可能会适得其反。在悍妻的魔爪下，老公会失去自由和自尊，什么事情都要听妻子的，什么都是妻子做主，老公就会产生一种反抗心理。为了摆脱妻子的控制，老公就会出轨。

10. 不堪忍受妻子的洁癖

在公共场合男人需时刻保持好形象，但是回家后就想要放松些，妻子如果有洁癖，就会抱怨老公这里脏那里乱，会把小事放大，让人惶恐。时间长了，老公想要释放的心情就会日渐膨胀，对妻子产生厌烦情绪。如此，就会寻找情人来弥补情感和身体上的放松及抚慰。

女人篇

第四章　幸福家庭

在婚姻中成长

一、两个人的事两个人来解决

在现实生活中，一辈子相敬如宾、从未红过脸的夫妻没几个。十个手指伸出来都长短不一，更何况是两个来自不同家庭的男女，出现磕磕碰碰、意见不同，有点小摩擦都很正常。

有人说，和和气气才是幸福美满的婚姻。如果某对夫妻经常发生争执，难免让人推测他们的婚姻出了什么问题。但这样的推测在现实生活中常常出错。

有些夫妻表面上相敬如宾，唯恐破坏相互关系，不管遇到什么事情都以克制为先。结果，多年后，积累了一堆怨气，一旦找到突破口，一下子就会把表面和谐的假象打破。有些夫妻表面上打打闹闹，背后却十分恩爱。

夫妻在争议中，可以更好地相互了解，从而解决问题。须知，温情柔意的争吵，是夫妻恩爱的催化剂，是一种感情的"争夺"，能够使平淡的夫妻生活荡起迷人的涟漪。

为什么有的夫妻吵架，会越吵越亲密，有的却吵得分道扬镳？只要掌握几个诀窍，就可以明白其中道理了。

1. 解铃还须系铃人

夫妻吵架要关起门来吵，尽量不要让外人介入你们之间的是非。因为

"知夫者莫若妻"，同样"知妻者莫若夫"。任何外援的加入，不是隔靴搔痒，便是雪上加霜，结果往往是适得其反。夫妻之间发生冲突，乃至升级为"操戈"是不足为怪的。出现短兵相接时，面对现实，冷静而理智地对待彼此，往往能重归于好，雨过天晴。

婚后不管遇到什么鸡毛蒜皮的事，小华都要去娘家父母或兄弟姐妹那里诉苦。有一次，老公喝醉了一夜没回家，她就告诉了自己的弟弟。弟弟是个暴躁脾气，二话不说就来找姐夫的麻烦，非让姐夫给个说法：究竟干什么去了？和谁在一起？谁能证明你的清白？当然，弟弟来找老公的时候她并不知道。

小华回到家，看到老公铁青的脸就知道事情闹大了。这件事闹了一个多月，两个人差点离婚。后来，就因为这件事，双方家长一直别别扭扭，少了以往的和睦。

所以，为人妻子不要动不动就去娘家告状，娘家人知道了自然会去兴师问罪，最后两口子觉得没什么事了，但两个后方的家庭却还在不依不饶。

2. 夫妻吵架莫请外援

在"二人世界"里，很多是是非非是说不清道不明的。然而，不少夫妻吵起架来很认真，非辩出个子丑寅卯来不可。彼此各不相让，相互辩不过，又请来邻居、亲戚朋友，希望借助"外援"击败对方。结果"援兵"的加入，不但缓和不了矛盾，反而"家丑外扬"，落得彼此狼狈不堪、后悔莫及的下场。

小玲和婆婆住在一起，和老公偶尔发生点口角，婆婆就能很快听见。但婆婆还比较公正，谁有错没错都会先批评一遍。本来夫妻俩发生点摩擦很正常，上一秒闹别扭，也许下一秒就又开始亲昵了，可多了婆婆这么一调节，两个人都想表现出自己是有理的，都不愿意先和对方说话，最后便发展到因为"一双破袜子谁来洗"这种事情都会好几天不说话。

小玲经常去和邻居诉苦，和同事诉苦，说婆婆特爱多管闲事。最后，似乎全天下的人都知道她不能取悦自己的老公，更不能取悦婆婆，即使两人出去玩，人家也会认为是小玲自己在挽救婚姻；即使她想给婆婆买件新衣服，别人也认为是小玲在巴结婆婆来帮她取悦老公。

原本很正常的吵架，最后弄乱了阵脚，成了别人茶余饭后消遣的谈论对象，无异于"搬起石头砸自己的脚"。可见，夫妻吵架寻求"外援"，实在是弊多利少。

常言道"夫妻吵架，床头吵完床尾和"，夫妻之间没有隔夜的仇，如果真有了隔夜仇，那不管找任何人说，都无法解决了。夫妻间发生点小摩擦很正常，也没必要去找别人说，夫妻要学会慢慢消化。多了别人的介入，只会让小事变大，大事变糟，到最后成为别人的笑柄。

夫妻之间的事没有什么解决不了的，即使确实遇到了大麻烦，要想找别人帮忙解决，也一定要先做好心理准备：人多了，确实主意多，但人多了，馊主意也会不少，真正能解决问题的人只能是夫妻俩。

3.请原谅，我错了

世上几乎没有性格和爱好完全相同的夫妻，由于兴趣、爱好、需要、追求和性格的差异，夫妻间的矛盾和争吵总是不可避免。研究认为，争吵是减轻心理压力和感情沟通的一种方式，夫妻适度的争吵，也在情理之中。不过，最好不要让生气过夜。夫妻间出现矛盾，妻子要冷静、反省，如果发现是自己错了，就要主动承担责任，不要把道歉推到明天。

心悦诚服地承认自己有错，的确不是一件容易的事。"我错了，也许你是对的。"很多人觉得这句话不是不可以说，而是难以启齿。有必要的话，可以多练几遍。这样，在争论问题或意见不合时，就可以自然地张开嘴了。当你爽快而真诚地道歉后，若不完全是你的错，而你抢先认错，会使双方感到愉快。老公也会显得不好意思，更会充满了对你的敬佩和感激之情。回过头来，就会加倍地对你施以报答。因为你满足了他的虚荣心和自尊。

其实，夫妻之间哪有那么多架可吵，有什么事情，双方沟通一下就能解决。在此，作为妻子，要学会忘记老公容易做错的事。有时候，记性太好，也是一种负担。所以，要想创建和谐家庭，就要停止问老公这样的问题："你忘记了你当初多么爱我吗？""你忘记了我们曾经多么快乐吗？""你忘记了我们经历过多少困难才在一起的吗？为什么你忘记了？"

婚姻绝不是浪漫的人所想象出来的那样，而是建立于一种本能上的制度，且其成功的条件不仅要有肉体的吸引力，还要具备意志、耐心、相互的接受和容忍。

二、重视家庭气氛的打造

有一首老歌唱道:"我想有个家,一个不需要多大的地方。"对于男人来说,家的大小并不十分重要,但能否有个温柔体贴的妻子却是最为重要的。

大多数男人都会有这样的感觉:"想起家就会不由自主地想到妻子,如若哪天妻子不在,也就不会急急忙忙回家了。"是的,男人在外面奔波,累得汗流浃背,都想回到温暖的家。可是,和谐的家庭,必须构筑在男人像男人、女人像女人的基础上。如果一个家庭男人活得像女人,而女人却像河东狮子一样雌威连发,就是不正常的。

一个家庭要阴阳相配,和和美美,才能展现出勃勃的生机。一味地追求女人的强势,只能让自己乃至老公都得不到幸福,家庭成为一盘散沙。家庭是平静的港湾,温馨的家庭环境是取悦老公回归家庭的重要因素。

1. 先抓住男人的胃

俗话说:"一个女人要想抓住男人的心,首先就要抓住男人的胃。"这话不无道理。能做出一桌可口饭菜的女人,通常都不是一般的女人,她可能看起来非常性感、有味道,对男人的驾驭能力往往也很强;她可能看起来是个弱不禁风的女子,但如果不幸遭遇了第三者的激烈挑战,她的柔情与智慧往往会同那桌可口的饭菜一起,为家庭筑起一道密不透风的防护墙，捍卫她的领地。假如老公被妖艳的"蝴蝶"紧紧包围，千万不要傻乎乎地跟在男人屁股后面追，当务之急是赶快把自己从言情剧场转到"天天饮食"。

2. 好妻子会做菜

自古以来，厨房就是女人的专有领地，会做菜的女人一定能带来运气。跟每天吃不到好饭菜的男人相比，那是无须说明的。再则，做饭也是女人作为母亲最神圣的职责。想想，如果一个不会做饭的女人不幸成了母亲，直到孩子长大成人，从来都没有吃过妈妈做的一顿饭，这是一种怎样才能形容的悲哀啊！

全家人的健康都掌握在妻子手里，所以，为了让全家人吃得营养，保证健康，就不得不花点心思在做菜上。要想成为一个称职的好妻子、好母亲，就不要天天叫外卖。工作不忙的时候为家人做顿饭，有没有烛光不重要，起码要有几道拿手菜。

3. 妥善照顾家庭

能够得到老公喜爱的妻子，通常也是好母亲，能够把家庭照顾好，把孩子教养好，自然也就拴住了老公的心。

别把母爱变成一种专制。在家庭里，母亲要承担更多教育孩子的责任。但是，女人的性格特征却影响了孩子的心理发展。比如：女人太过敏感、紧张，对孩子身体和学习过度关注，容易使孩子变得神经质；女人的唠叨会让孩子失去自信心和自己的价值观；女人对孩子过分的溺爱，会让孩子失去生活自理能力……这些都会影响孩子的健康发展。女人可能是各方面的专家，但要做好母亲，首先要成为儿童心理学家。与其挖空心思做妈妈，不如放松姿态当姐姐。

4. 营造一个温馨的家

没有笑声的家庭是痛苦的。快乐的家庭气氛，不仅使人感到温馨和甜蜜，还会使家庭成员之间产生亲密感。创造一个温馨的家，是留住男人的最好办法。

家是男人的避风港，妻子把居住环境布置得美观和谐、情趣高雅，再加上暖心的话语，男人不累也会想着家。一个人一生中有一半的时间是在房间里度过的，所以妻子不妨在家的美化上下点功夫。

创造良好的餐桌气氛，环境对食欲有很大的影响。食欲好坏在很大程度上取决于进餐时的气氛。在优雅整洁的餐室和在油腻腻的灶间进餐，感觉是完全不同的。如果餐桌上再摆一束鲜花，娇嫩芳香，就更有情调了。当然布置很重要，但进餐时的和睦气氛更为重要。所以，在进餐时不要对有争议的问题进行讨论，不要将烦恼的事在吃饭时宣泄，不能在吃饭时训斥孩子，尽量保持和谐的家庭气氛。

此外，还要根据春夏秋冬四季来布置房间，窗帘、床罩经常按季节更换，使人有冬日温暖、夏日清凉的感觉。闲暇时候，还可以学习一些插花技巧，把家里布置得温馨而浪漫。

三、妻子要甘做大姐

夫妻之间是平等的，在老公宠爱女人的时候，女人也要学会宠爱自己的老公。

男人也很任性，无论哪个年龄段，内心深处仍像个孩子，也有童心。男人也是人，他也有悲伤、失意的时候，只是男人不轻易表白示弱罢了。多站在男人的立场上，将心比心，必然能了解和体贴你的另一半。男人都不会拒绝爱侣给他的关心和宠爱，哪怕是一句简短的问候，都能令他备感温暖。

生活中，男人肩上挑着很重的扁担，一头担起家庭的幸福，一头挑起事业的重担，是家庭和事业的支柱。他们既要赡养父母，又要呵护妻儿，还要到复杂的社会中去面对激烈的竞争，创造事业。所以，作为他的妻子，应该学会去理解和体谅他，吹毛求疵地苛求完美，只能在他那超负荷的肩上增加重担。

对老公求全责备、言语荒唐，甚至演变成任性和偏狭，让老公都不知如何做男人。不管老公怎么做，女人都会给老公保留着数顶让人难堪的帽子：

如果他是一个事业型的老公，她会说他不懂得生活、血冷情淡；

如果老公懂得享受，她会说他酒囊饭袋、庸碌无能；

如果老公棱角分明，她会说他大男子主义；

如果老公性格温和，又会被讥为"没有男人味"；

如果老公学富五车但又囊中羞涩，则会被评为"穷酸"，只会夸夸其谈没有真本事……

这一系列神经过敏的挑剔，只能让男人莫衷一是。

男人工作累、生活累、家庭累，最重要的是心累，累得他们不堪重负，从而变得越来越脆弱。没有哪个男人敢大胆地说："离了女人的关怀，我这辈子照样活得很滋润。"这是因为，男人从出生到死去，都是在女人的怀抱里一次又一次地获得奋发力量。当他还是孩子时，是母亲给予他最伟大的爱与关怀；当他成年后，更需要女人的关怀和体贴：当他在外面闯荡累了，更想回家享受妻子精心做的美食；当他在生意场上竞争失利，更想回家接受妻子的温馨抚慰……当他老了，更希望紧紧地牵着老伴的手不松开，哪怕只是小小的病痛，也想在女人的体贴里得到心灵的慰藉。

男人一生都要承受社会和家庭对他们强烈的角色要求，"坚强"似乎是男人的象征，但他们也有痛苦和脆弱的时候，这时就需要妻子担当大姐的角色，去疼爱他、关心他、安抚他。要善于观察老公的情感变化，如果老公抱着男儿有泪不轻弹的想法，苦闷自己，妻子就要主动担当起大姐的身份去开导他。在给予老公支撑的同时，也要让老公保持清醒的认识，让老公清楚自己的缺点，使他更好地去对待每一件事。

不管男人外表有多强大，骨子里都还是个孩子，在他任性的时候，不要对他大吼大叫，最好先陪他一起疯，让他好好放松一下；等他平静后，再轻轻告诉他：我很爱你。

男人肩负众多责任，睁开眼便是各种责任与义务，他们不敢承认自己的脆弱，不敢承认自己也需要关怀，在他志得意满时，要给予他足够的欣赏；当他遭遇不公和挫折时，要陪他一起流泪，然后尽快忘却，旧事不提。

在口袋里放一些糖果，看到老公怒眉冷对，可以拿一块糖在他面前摇晃，逗他开心笑一下。

不要把受宠当作女人的专利，男人也需要。男人在呵护妻子的同时，也渴望得到妻子的呵护，就像儿子得到母亲的呵护一样。得到女人的爱越多，男人越勇敢，当男人知道妻子很爱他时，他会更加努力地对家庭及子女尽义务。所以，聪明的女人，都要甘心做大姐。

四、协调好与长辈之间的关系

常言道"家和万事兴"，要想获得婚姻的幸福，就要协调好与长辈之间的关系。

生活中，婆媳关系是最难相处的，也是最易发生矛盾的。同时，在如今的婚姻中，夫妻间的矛盾很多都源于双方家庭的矛盾。所以，妻子和长辈相处越和谐，老公就会越爱你。

婆媳关系在家庭关系中占据很大的位置，将婆媳关系处理好了，兄弟姐妹关系、姑嫂关系、祖孙关系自然也就融洽了。只有家庭和睦、心态健康的女人，才能获得生活的闲适。

1. 爱屋及乌

婆婆因爱儿子而爱媳妇，媳妇因爱老公而爱他的家人，各得其所，关系就会融洽。如果处理不好，就会出现裂痕，无法弥补。

好女人最重要的品质是善良。百善孝为先，不要缠着老公问："我和你妈同时掉进河里，你先救谁？"因为这根本就没有可比性，要带着感恩的心，永远记得是谁赐予了你的爱人。

很多男人都纠结于媳妇和亲妈之间，要知道：男人如果不爱他的父母，他也一定不会真心爱你。将心比心，换位思考，你们的明天就是长辈的今天，因此要根据长辈的性格来区分对待，不要过多地强求。而且，公婆即使犯了错，也是老人，"家有一老，如同一宝"，老人如同孩子一样，更需要呵护与宽容。

2. 夫妻恩爱

老公是婆婆所爱的，婚后她要和你一起分享同一个男人的爱，如果老人不理解，就会产生"娶了媳妇忘了娘"的心态，误以为儿子对自己的感情被媳妇夺去了，从而迁怒媳妇。这时，做媳妇的要勤劳一点，不要当着婆婆的面让老公去洗碗拖地，要尽量表现得乖巧贤惠一点，顺服老公。如果对老公有怨言，也要等长辈走后，再与老公沟通交流或撒娇。夫妻的恩爱是给长辈最好的孝敬，可怜天下父母心，哪个长辈不希望自己的孩子幸福快乐？

3. 巧媳妇会送礼

如果真的爱自己的老公，就要关心他的家人。他父母过生日，要早早地汇钱或买好礼物；他兄弟姐妹过来，你要比他还着急接送；他老家来了穷亲戚，不要露出鄙夷之色，因为鄙夷他的亲戚就是鄙夷他的过去，就是鄙夷他这个人。

要像对待自己的父母一样对待公婆，过节送礼上要一视同仁，要根据长辈的喜好来送礼物。

丽雅去香港出差，虽然工作安排得很紧，但她依然给家人买了礼物：给老公买了一只纯金小牛，给母亲买了一条纯金项链，给婆婆买了一面纪念金牌。

回到家，丽雅将礼物一一拿出来向老公展示，老公不高兴，说："我妈对你那么好，可你给你妈买的什么，多少钱，给我妈买的什么，又是多少钱？我妈真是白对你那么好了。"

丽雅本来还想跟老公显摆一下给自己买的礼物，这下没情绪了。丽雅心里感到很别扭："我是我妈生的，给我妈买的东西贵一点又有什么不对？"幸亏丽雅没有把这句话说出来，说出来就更伤感情了。

丽雅静下来想想，老公对亲妈和岳母几乎可以说是一视同仁。单位发东西，不管是鱼肉还是洗发水，老公从来都是自己家一份、他爸妈一份、丈母娘家一份，而且还是丈母娘家先挑；出去吃饭，从来都是老公结账。所以，他很希望丽雅对待自己的母亲也像他对待丽雅的母亲一样。丽雅理解了老公的心思。

新年，小两口儿回老人家。丽雅把金牌送给婆婆，婆婆喜欢收集这些东西，看到儿媳妇了解她的爱好挺高兴。然后，丽雅又拿出本来给自己买的那条做工精细的彩金手链送给婆婆。婆婆很意外，老公很惊奇。婆婆将手链戴在自己的手腕上，美了足有十分钟，连夸丽雅有眼光，而老公则诧异地直看丽雅，丽雅假装没看见。

午饭后，家人一起打麻将，丽雅给婆婆点了好几个"大炮"。婆婆是生意人，很在乎这些，丽雅自然愿意让老人高兴了。

回家的路上,老公问丽雅,怎么凭空多出条手链?丽雅说,那天本来是给老公看的,可老公没有给她这个机会。老公问她:"你把自己的礼物给我妈了?"

丽雅这时才委屈地撒娇道:"要不你再给我买条钻石手链?"

丽雅还算聪明,即使心里委屈,还是迁就了老公,因为老公只是希望双方父母能被同等对待罢了。所以,一定要记住,即使想偏心,也不要让老公知道你给双方老人的礼物价值多少。

当然,除了物质上孝敬老人外,还应该跟长辈做好情感交流,消除心理上的隔阂,缩短彼此的心理距离。因此,平时要多对老人嘘寒问暖,老人身体不适,更需要悉心照顾,使老人在精神上得到安慰。

五、聪明妻子会理财

你不理财,财不理你!

现实生活中,多数家庭的夫妻都是工薪阶层,购置家庭物品都会量力而行,储蓄或投资也会取得一致意见。

会理财持家的夫妻,生活会过得很好;不会理财的夫妻,生活中间就会发生很多矛盾,还会在这些问题上产生争执。所以,聪慧的妻子都懂得提升自己的理财技能。

1. 不互争高低

婚姻中，有些夫妻虽然也会发生冲突，但绝不是因为家庭的权力和地位。不管双方贡献有多大，都会被看成是对家庭做出了同样重要的贡献。在理财方面，他们会认为家庭收入是他们共同的，而不是他的或她的；在财务问题上，他们不存在权力斗争。他们会相互尊重，以诚相待，经济公开，财务协商，绝不会因财权独揽而造成夫妻矛盾。

2. 量入而出

好妻子绝不会埋怨老公赚钱不多，他们懂得在有限的收入中谨慎支出，依照预算处理家庭财政，使经济生活安定。好媳妇应该宝马汽车坐得，自行车也骑得；山珍海味能品尝，粗茶淡饭也咽得；五星级酒店住得，野营的帐篷也不嫌弃……

男人都认为，好妻子不会有过多的物质欲望。自古"成由俭败由奢"，多数男人都无法容忍自己老婆看见什么都走不动，即使家庭条件不错，也不会惯老婆这个毛病！女人的过分虚荣会使非"财大气粗"的男人产生精神紧张，甚至为此不堪重负。

有些女人不知道怎样安排家庭财政支出，花钱无计划；有的女人认为精打细算是"小气"；有的女人自私心理严重，总想控制金钱，对老公及亲属异常苛刻……如此，只能搞得夫妻感情如履薄冰。所以，家庭经济要做到量入而出，合理分配。这并不是钱多钱少的问题，而是对钱的使用态度及如何安排家庭经济的问题。夫妻双方对钱的态度不一致，是造成相互感情破裂的重要因素。

3. 家庭合理用钱

关于家里的钱，首先，要正确认识和合理使用。夫妻双方的钱是通过各自的努力赚来的，不能完全说与对方无关。在某种程度上，不要过分区

分你我。其次,尽量不要设立自己的小金库。在家庭的开支上,尽量做到先沟通再消费,尤其是大额支出。再次,针对特殊的情况及场合,还要确立好提示语言,比如,朋友借钱、儿女的无理要求等。最后,根据家庭的实际需要,列出每年每月的必需开支计划,比如,水电费、房租、孩子的教育费、医疗费等。之后,储存一定数额的钱,用来应急。

如果家庭收入不错,不要全部存入银行,可以分散投资,获取更大的利益。比如,可以投资一些有利润的商业活动;可以买套房子,然后租出去,收取租金;可以开个有特色的店铺,雇一两名精明的人来经营,让钱生钱。

生活中,要多抽时间了解一下经济,看些有关理财方面的书。钱财,不仅可以为人们提供安定、富足的生活,也是权利的一种象征。所以,一定要合理使用金钱,千万别让钱影响了夫妻之间的感情。

六、成为老公背后的伟大女人

常言道:"成功的男人背后都有一个伟大的女人。"因为女人对男人的鼓励,可以激起他的斗志,使他奋发图强;女人对男人的包容,可以唤醒他的责任感,让他奋不顾身。男人从一个小角色发展到最终出人头地,都离不开女人背后的支持。女人的支持是男人成功最重要的精神力量。

1. 百分百地认可他

男人的心愿其实很简单,每个女人都能提供,主要在于女人肯不肯罢了,简而言之就是"认可"。认可是一种精神上的有力支持,也是唯一一个自己无法自给自足的东西。男人不仅需要同性的认可,更需要异性的认可。如果男人无法从女人身上得到认可,两人的关系就岌岌可危了。

认可也代表着女人对男人的肯定,但绝不是终日挂在嘴上的甜言蜜语,女人必须真正走进男人的生活,尝试着了解他的工作、他的喜好、他的一切并加以认可。老公花费心思做了一份富有创意的方案,却没被公司采纳,你看过方案后,说:"我觉得这方案很棒!"就是对他的肯定、对他的认可。女人不一定要成为男人的军师,不用为他运筹帷幄,但可以为他处理一些身边的小事,比如,整理资料、收集信息、修改文章等,协助他有所成就。

2. 甘做他的贤内助

再成功的男人也是人,也想要有个温暖的家,有个善解人意、支持与体贴自己的女人。要想营造和谐的家庭,女人就要甘愿做些小牺牲:主动分担家务、管理家庭及抚育子女等;要懂得支配时间,要尽可能多地学习、掌握一些与老公事业有关的知识,在某些关键时刻,做老公的秘书与高级顾问。

想要成功的男人一般都有很强的自尊心,一旦遇到失败,就会遭受心灵的打击。男人也像孩子一样,心灵非常脆弱,女人要给他们最大的精神支持,应当像一个"慈母",给"孩子"以重新振作的信心和力量。

安慰男人的办法,要根据男人的具体情况来定。他一个人坐在家里,黑灯瞎火地喝闷酒,颓废懦弱,就可以夺了他的杯子,提醒他还是这个房子的主人,有为人夫、为人父、为人子的责任;如果他自尊心极强,绝不容忍自己在女人面前示弱,就可以假装什么也没看见,悄然退出,让他静

静抚平自己的伤痛；如果老公介于两者之间，可以端几样小菜上来，陪他一起喝喝酒，让他诉诉苦。

3. 永远理解、支持他

每个人都要为自己的成功付出代价，比如，将军要远征，就不得不抛下妻子儿女；科研人员为了取得成果，就不得不白天黑夜泡在实验室，做实验、分析数据；作家为了完成一部作品，就要寻求一个僻静的地方，安静写作……这时，不能怪他没时间陪你，要灵活安排自己的业余时间，消除孤独与寂寞感。

要知道，老公的成功就是你的成功。老公扬名时，也是你光彩照人之际。如此，既能让对方在精神上得到最大的安慰和满足，又能在潜移默化中增强夫妻间的感情。因此，要不断鼓励他，让他成为理想中的他。有了你的爱和支持，老公就能寻找到比别人更宽广的路。

奥巴马之所以能够取得巨大成就，是因为有一个人居功至伟，那就是他的夫人米歇尔·奥巴马。

在选举的初期，米歇尔较为低调，很少公开接受媒体采访。但是，随着选战的日益激烈，米歇尔也开始走上前台，亲自为老公打气拉票。米歇尔是个成功的职业女强人，从小就成绩优异，先后就读于名校普林斯顿和哈佛法学院，毕业后从事过律师、管理人员等工作。当她担任芝加哥大学医院的副院长时，年薪高达21.2万美元——比老公的收入还要多很多。但为了老公的事业，她毅然辞去了副院长的职务，成为老公的全职竞选顾问。

男人比女人更注重事业上的发展，因此要尽量关心老公在事业上的追求目标、发展状况、有何困难和苦恼等。分析他的工作性质后，尽量去适应他的生活、工作习性。或许他并不需要你插手，但他却需要你的理解。

理解，在夫妻之间比什么东西都珍贵。唯有理解才能做到：当他陷于困境时，要表示理解和支持，并为他鼓足克服困难的勇气；在他取得成果时，要与他同庆，共享成功的喜悦。

妻子要从不平凡的老公的点点滴滴中，体味人生的乐趣与幸福，不要抱怨老公给你的时间太少。无论是在家庭还是在事业中，女人只有成功地扮演好自己的角色，才能使男人心服口服，才能成功地拴住男人的心。

男人篇

第五章 提高自己

一、有上进心的男人最有安全感

一个男人可以穷，但绝不能没有上进心，否则会让女人没有安全感。

《盛世恋》是中国台湾作家黄碧云的代表作，里面塑造了方国楚和程书静的婚姻悲剧：方国楚是程书静的论文导师，两人结婚后，程书静却发现老公已经没有向前走的目标和理想了，整个人都是过去式。书里是这样描述他们婚后状态的：

一个月下来，方国楚觉得光景无聊，自己竟渐渐发胖起来。博士学位拿过了，教职谋到手，三年拼命做研究的试用期也过了，现在连婚也结了，方国楚感到百无聊赖，唯一可做的便是发胖，下课的时候喝一大瓶啤酒。

方国楚的人生看似已经完美，没有任何追求，但程书静的人生才刚刚开始。后来，程书静终于明白，自己错了，自己嫁给了一个年轻的老人。这"老人"当然不是年龄上的老人，那时的方国楚只有三十多岁，但他安于现状、没有进取心，如同一个高龄老人。最后，两人离婚，因为谁都不想让自己的婚姻成为一潭死水。

太平盛世最能消磨斗志，有上进心的男人才更安全。

男：亲爱的，我辞职了。

女：你怎么又辞职了？工作不是挺好的吗？工资也挺高。

男：跟同事不和，工作不开心。

女：你已经在很多公司干过，每次都这样。你是去工作，又不是去交朋友！

男：没事，年轻人多换几份工作很正常！再说了，我辞了，不是还有你吗？

女：你这样让我很没安全感，我觉得看不到未来。

物质生活的不稳定会让女人对男人没有安全感，看不到任何希望的恋爱，多半都会分手。

如今，女人在找另一半的时候，关注的不再是脸蛋是否好看，不再是身高是否满意，更多的则是男人的内在修养是否全面。而内在修养里面，最重要的一部分就是男人的上进心。

女人一般都会关注男人有没有上进心，因为这关乎到未来的生活质量。即使不说出来，不对男人提这方面的要求，也不代表她不重视。

男人有没有上进心，赚钱不是唯一的考核标准。总的来说，男人的上进心主要体现在以下四个方面：

1. 有主见

男人有主见，是有上进心的基础，也是决定他能否自觉保持上进心的关键因素。上进心不是凭空得来的，首先男人要有这个意识，知道上进心对自己、对爱情、对女人的重要性。意识到这些，男人就会要求自己有主见，会去追求对爱情有利的东西，包括想着如何挣钱、如何提高爱情质

量、如何讨女人开心等，都是上进心的重要内容。

2. 有规划

一旦有了主见，有了上进心，接下来就该付诸行动了。当然，行动也不是盲目的，需要有个明确的规划，一步步释放自己的上进心，完成不同的目标。这里所说的规划，不仅包括生活规划，还包括爱情规划，如此才能双丰收。

3. 有事做

无所事事，是男人拥有上进心的对立面。把两个男人放在你面前：一个整天无所事事，一个每天努力工作，你对两人的好感肯定不一样，仅从生物本能出发，就会讨厌整天无所事事的男人。

放到爱情中，女人会毫不犹豫选择那个看起来有上进心的男人。因为在女人心里，有上进心的男人，才能在物质上给她安全感，才能成为爱情的顶梁柱，才有资格做她未来孩子的父亲。所以，男人要想提升自己的上进心，首先就要改掉无所事事的毛病。

有些男人整天只顾着打游戏，如果你是职业电竞选手，那没什么可说的。可如果是个普通的上班族，最好还是把打游戏当成放松的一种手段，不要让它占据生活的全部。尤其是恋爱或结婚之后，每天只顾着打游戏，不仅会让女人反感，也会失去上进心。打游戏，费钱、费时间、费精力，疏于感情和生活的管理，会让女人大失所望。

4. 避免无用社交

有上进心的男人不会进行无用社交，因为他有明确的目标，会选择有意义的事去做，会和值得交往的人做朋友。而没有上进心的男人，则盲目地把各种社交当成自己的人脉体现，自以为只要认识的人多就能发大财。所以，如果自认为自己有上进心，最好从现在开始避免无用社交，因为在那上面浪费的时间会耽误很多有意义的事。

二、成熟的男人做事有原则

小时候，很多家人都会告诫我们："不要和那些坏孩子玩。"小时候，我们有着自己的一套交友法则，比如，和什么样的人玩、远离什么样的人……随着年龄的增长，每个人的思想观念都发生了巨大变化，那些交友法则自然也会发生变化。在人生旅途中，我们肯定会交到很多朋友，有知心朋友，有生意上的朋友，有工作上的朋友，等等，而爱人往往是这些人中的一员。

每个女人对男友的概念都不同，结交到的男友也会有很大的差别，但交友的法则很简单：不和没有原则的男人恋爱甚至结婚。一个男人不管有多聪明、多能干、背景条件多好，不懂得如何做人、做事，多半都得不到女人的青睐。

做人做事是一门艺术，更需要讲究原则。不讲原则的男人往往是自私自利的，做人做事没有原则，以利益为衡量标准，为了达到目的不择手段，与这种男人相处，女人只能受到伤害；尤其是，感情投入越多，伤害越深。

小张跟同事小王相处得不错，后来两人成了男女朋友，可是相处了两个月后，小王就开始远离小张。小张后来才知道，同事刘小可也在追求小

王，据说他家里背景很好。想到这些，小张深感不如人家，感到很自卑，于是选择了放手。

后来一次公司裁员，小张也在名单上。小王觉得很纳闷，虽然两人不能成为恋人，但小张的工作表现她是很清楚的，工作努力，业绩好。小王找到经理问原因，原来刘小可本在裁员名单中，但是他经过关系疏通，跟小张换了。小王对刘小可的好感顿时全无。

看似很平常的公司职员之间的竞争，却反映了一个人的底线与做人、做事的原则。

很多人以为，所谓强大，就是有钱、有能力，能把事情搞定。可是，如果没有自己的原则，无论多有钱、多有能力，都没有办法活得轻松。有原则，是男人真正强大的开始！

每个男人都有自己做人和处事的方法，而最基本的就是底线和原则。男人无论是在婚姻中还是在为人处世中，都要有自己的底线和原则，这样才不会任人摆布和宰割。为什么这样说呢？

1. 有原则和底线才能得到女人的尊重

每个男人都有自尊，也都希望得到女人的尊重，然而并不是所有的女人都会尊重你，尤其是那些没有底线和原则的男人。因此，男人不仅要维护自己的原则，还要努力才能得到女人的认可。

2. 有原则和底线才不会随便被人欺负

有的男人欺软怕硬，遇到老实软弱的人，就会欺负他们。其实，老实人也不是那么好欺负的，每个老实人都是有底线和原则的，一般不会轻易反击。而越是聪明的男人，越容易受到别人的欺骗。

3. 有原则和底线才不会迷失本性

每个人都有原则和底线，然而能够坚持自己的原则和底线的男人并不多。社会上，为了生存，有的男人不得不放弃原则和底线，结果更容易迷失自己的本性。

4. 有原则和底线才能得到女人的喜爱

人与人交往也有一定的原则和底线，越过了原则和底线，就会被女人厌恶和疏远。在交际中，女人都喜欢有原则的人，而没有原则的男人，总归会被女人所抛弃。

5. 有原则和底线才会让自己有所依靠

有原则和底线的男人，都是有信仰的人；有信仰的男人，才会让女人有所依靠；在做人和做事的时候，才会有依据。没有原则和底线的男人，会让自己处于众叛亲离的境地，更会让女人失去安全感。

6. 有原则和底线才能得到女人的信任

男女异性关系的产生和加深，是通过双方的信任来不断演化的，信任感越强，双方的关系也就越亲密。而信任的来源不只是好感，还有男人的原则和底线。有原则和底线的男人，才能得到女人的信任和喜爱。

7. 有原则和底线才会让自己变得更加成熟

进入社会之前，很多人都非常感性，总会以想象的方式来看待这个世界，把一切都想象得很美好。然而，现实非常残酷，在社会上生存，就要懂得为人处世的方法和道理，有了原则和底线，才会变得更加成熟。

三、有耐心的男人，会让女人更幸福

富兰克林曾经说过："有耐心的人，无往不利！"耐心是一种主导命运的积极力量，只有用坚韧不拔的耐心才能战胜困难；只有有耐心的男人，才能赢得女人的信任，才能让女人得到幸福。反之，缺乏韧性和耐心的男人，就无法获得女人的信赖，婚姻也不会太幸福。

在感情中，要想跟女人长期相处下去，男人同样也要保持必要的耐心和包容。如果总是看对方不顺眼，吹毛求疵，这段感情自然无法正常地发展下去。

小明和小芳恋爱四年，按理说早就该进入谈婚论嫁的阶段了。可是，两人在一起总会为各种小事而争吵不断。比如，小明看不惯小芳经常忘记关灯。只要小芳在家，就会把家里的灯全部打开；出门的时候，也不会关灯。小明感到很崩溃。同样，小芳也看不惯小明有洁癖。比如，本来已经将碗洗干净了，吃饭前小明依然会把碗再重新洗一遍。再如，小明每次洗澡都会超过一个小时。这些事情，都让小芳感到崩溃。

感情这种东西，没有太多道理可讲。如果不能彼此包容和相爱，这段感情就会失去继续下去的动力和热情。婚姻也好，爱情也罢，如果完全感受不到彼此的包容与忍让，这段感情很快就会分崩离析。

开车等红绿灯的时候，有些男人会埋怨一大堆，比如，红灯时间太长、路口的车辆太多……绿灯亮了，可前面的车却纹丝不动，他们会立刻猛按喇叭催促。这样的男人，不仅对跟他一起坐车的女人是一种折磨，也是对附近所有人听觉上的折磨，严重影响其他人的情绪。

面对同样的情形，有耐心的男人就不会急躁地猛按喇叭，他们会耐心等待，会跟着车厢里的音乐打拍子、哼歌曲，一派悠闲的样子。他们善于等待，有耐心，心情也是平静的、愉快的，能冷静地面对接下来发生的事情，绝不会冲动行事。

一般来说，男人如果在以下三个方面对女人失去耐心，表明已经不爱这个女人了：

1. 没有耐心和女人沟通

跟女人沟通的时候，如果男人失去耐心，就说明已经不再爱她了。

众所周知，一段感情要想很好地发展下去，需要用心沟通和交流。两个人在一起长期缺乏沟通与交流，感情也就无法正常发展。比如，当感情出现裂痕或矛盾时，如果男人不愿意和女人及时沟通，即使女人主动找他协商解决感情中存在的矛盾或问题，他也表现出极其不耐烦的神情，就表明他已经不爱她了。

感情中出现问题是很正常的，重点是要学会沟通。当男人不愿意和女人沟通，或者对于和女人沟通这件事情表现出极其不耐烦的神情，就说明他本身对女人已经没有任何感情，心里没有女人了。既然已经不爱女人，自然也就不会耐心地去和她保持沟通了；相反，只会跟她保持遥远的距离。

2. 没有耐心等女人梳妆打扮

出门前，如果男人不愿意耐心等女人梳妆打扮，表明他已经不再爱她

了。很多女人在出门前，都会精心打扮一番，比如，洗头、画眉毛、涂口红、抹腮红等。有些女人甚至还要精心搭配衣服和鞋子，是穿牛仔裤还是连衣裙，是穿高跟鞋还是平底鞋，等等。

女人在出门前往往要花大量的时间梳妆打扮，尤其是去比较重要的场合，花费在梳妆打扮上的时间可能会更长。如果男人对此失去耐心，不愿意等女人梳妆打扮，就说明他可能并没有那么爱这个女人。

只有真正深爱着一个女人，男人才会心甘情愿地等女人梳妆打扮。即使女人花再多的时间，男人也愿意耐心等待和守候，不会对此有半句怨言。只有当男人不再深爱一个女人，他才会对女人花大量时间梳妆打扮这件事情失去必要的耐心和包容。

3. 没有耐心听女人唠叨

如果男人没有耐心听女人唠叨，那么表明他已经不再爱她了。在男女相处的过程中，女人难免会唠叨或啰唆几句，可能会反复叮嘱男人按时吃饭，下班后按时回家，等等。在生活或工作中遇到了不顺心的事情，女人也会忍不住在男人面前倒苦水，唠叨个没完没了。

对此，男人应该给予适当的理解和包容，不能因为女人唠叨就对她表现出不耐烦，应该给予更多的耐心和忍让。毕竟，女人的情感与情绪需要有一个合理的宣泄渠道或方式。如果男人不愿意听女人唠叨，或者一听到女人唠叨就显得不耐烦，就表明他可能没有女人想象中那么爱她。

四、善良的男人，多了三分感性

不善良的男人，大多都很冷漠；而冷漠的男人，经常会带给女人负能量，不会关心女人，不会讨好女人。而善良的男人大多数都很好相处，懂得关心女人，跟这样的男人相处，女人能够感受到一阵一阵的爱意和甜蜜，享受到被别人关爱的感觉。

罗曼·罗兰曾经说过："善良不是一种学问，而是一种行为。"法国著名启蒙思想家、哲学家、教育家、文学家卢梭也说："慈善的行为比金钱更能解除别人的痛苦。"古希腊伟大的唯物主义哲学家德谟克里特还说："一个人要么必须做个好人，要么仿效好人。"对于男人来说，善良是人性中最美好的一种情感，是根植于男人内心的一种仁德。从古到今，很多男人都修行在善良这条道路上，以仁济人，以德教人，以爱化人，以礼敬人，以义达人，真正的善良是一种大智慧。

与真善相对的则是伪善，真正善良的男人都有这样几个特征：

1. 不求回报

明末清初理学家朱柏庐说："恶，恐人知，便是大恶；善，欲人知，不是真善。"真正善良的男人是不求回报的，因为这是内心慈悲的涌现，更是人性善良光辉的彰显。在帮助他人的时候，怀有回报的意识，最后只能变成一种计较与对比，这也是许多关系失衡的原因所在。

亲人遇到了困难，男人主动帮助他。没想到亲人不仅没有报答他，反而与他成了仇人。原来，他对亲人进行帮助时，总会摆出一副高高在上的姿态，让对方感到很不舒服。

人与人之间很多关系之所以没有办法走下去，都是因为在得与失的计较中最后失去了亲密，也失去了过去最美好的回忆。记住，善良的男人都是不求回报的。

2. 呵护女人的自尊

男人真正的善良是发自内心地尊重他人，呵护女人的自尊。饭桌上，当女人喝汤的时候，不小心洒到桌子上，最好的做法不是擦桌子，而是假装没看见，这就是最高级的善良。记住呵护女人自尊比强调爱干净更重要。

现实生活中，许多男人都喜欢以爱的名义干预女人，而这也是最令人不舒服的，比如，快要过年了，男人跑去关心女人放假是否回老家，是否买了年货……其实，这是一种过度的关心，聪明的男人都会尊重女人选择的自由，对女人的事情不会过度评论与参与。

3. 懂得孝敬老人

老母久病卧床，善良的男人会持之以恒地服侍他们，使老人安心养病。这样的男人才是一个善良的人，女人往往也愿意嫁给这种男人。

4. 愿意帮助别人

遇到软弱的人受到欺负，善良的男人会挺身而出保护他，哪怕受伤受累也在所不惜。同样，遇到乞讨的人，善良的男人也会慷慨解囊相助。

5. 乐于吃亏

与人交往中，善良的男人都甘于奉献和吃亏。与之结婚的女人，虽然也许一辈子不会显赫，但会一生平安。

6. 为他人着想

在艰苦困难的时候，懂得为别人着想的男人，必然是一个善良的人。嫁给这样的男人，女人绝不会沦落到悲惨的地步。

7. 低调而不张狂

善良的男人一般都思维缜密，非常聪颖，办事能力强，但他从不张狂，懂得低调做人，又能不失时机地抓住机遇。女人嫁给这种男人，必然一生风光，步步登高，受到众人的尊重和拥戴。

五、可靠的人品，让心爱的人更有安全感

在新时代，关于恋爱和婚姻，女人越来越注重男人的人品。因为人品好的男人，做事的品质也不会差到哪里。男人品行的好坏，决定了今后跟女人在一起的时候，会成为怎样的丈夫，会组建怎样的家庭，会怎样对待女人，是否会始终如一。

有一次，李嘉诚请人吃饭，大大小小的老板来了五六桌。客人来的时候，李嘉诚没有坐在贵宾室，等所有人都到了，才出来欢迎大家的到来。

李嘉诚站在电梯门口，每个从电梯出来的人，他都会主动握手，然后把自己的名片递给对方，等大家先行入座。吃饭的时候，李嘉诚每一桌都坐十五分钟的时间，跟大家来聊天，尽量照顾每个人的感受。到离开的时候，李嘉诚跟服务员还握了一下手，并说声"辛苦了"，然后递上自己的

名片,介绍了一下自己。

这些小的举动、小的细节,着实让人心生感动,觉得做人还可以有更高的档次和追求。男人的人品完全可以从细节中体现,女人都喜欢品德可靠的男人。

对于男人的人品,主要看他如何对待弱者、女人和长者。

有一次,经朋友介绍,李梅跟一位男生相亲。两人都是成年人,见面后也没有太过拘束,谈了一些对于未来的想法和见地。李梅对男人的远见心生佩服,年纪轻轻,有理想,实属难得。可是,后来发生的一件小事,影响了李梅对他的印象。

服务员过来倒水,不小心把水倒得溢出来了,男人提高嗓门:"干嘛呢?昨晚没睡啊,干点小活都干不好。"说完后,扬扬自得,然后就又跟李梅谈天说地。看到他从目露凶光瞬间转为嬉皮笑脸,李梅有点害怕,心想他是不是对弱者都是这样的态度,是不是只对优秀一点的人才给予尊重?

吃饭的时候,菜不知道什么原因上得稍慢了一些,男人就拼命吆喝,好像自己就是今天的财主,服务员就是自己的雇工,言语间都是不屑与不满。

这次饭后,李梅就没再跟他联系。不是因为他没有头脑,而是他对弱者的态度,让李梅担心他的人品。想象有一天自己也会变成弱者,他会不会以同样的态度来对待自己?

在社会上每个人都有每个人存在的价值,每份工作也都有特殊、专业的地方，不能因为所处的地位、所做的工作有差别，就用不同的眼光来区别对待，一个男人的人品，就藏在对待弱者的态度中。

生活中到处都是积累人品的地方，有些人看到了就去做了，有些人没有看到，只是沉浸在自我的世界中，成为独立而自我的男人。时时为女人考虑的男人，人品不会差到哪里，会成为新时代的优秀男人。

一个男人的品行如何，从下面几点就能看得出来：

1. 吵架的时候有风度

看一个男人的人品，女人不会看他心情好的时候对女人怎样，而是看他脾气最坏的时候会对女人怎样。很多女人总是在结婚之后才发现对方有暴力倾向，而人品可靠的男人即使在吵架的时候也不会翻旧账，不会对女人太过分，更不会做出伤害女人的事情。因为他们知道，两人一定会和好。不讲道理的男人只会跟女人大呼小叫，不依不饶。

2. 面对诱惑时能守住

男人不管是在婚姻中还是在工作上，都要学会拒绝。好女人多的是，不可能每个都能得到，要想好好拥有一个，就要拒绝其他的。人品好的男人遇到诱惑的时候，能够守住自己的底线。只有三观正的男人才能把握自己，知道放弃，绝不会做出出格的事。

3. 说到做到的男人

对女人说过的话，人品好的男人会一一记住；对女人有过的承诺，他会一一做到；对于女人，他毫不隐瞒。这样的男人才会让女人觉得安心，才是人品好的男人。相反，说到做不到的男人，只会对女人开空头支票，最后只会被女人拒之于千里。

六、在事业上,有人生目标和理想

哈佛大学曾用 25 年的时间,进行过一项跟踪调查:

被调查者是一批智力、学历、环境条件都大致相当的年轻人,通过他们来判断目标对人生有着怎样的影响。结果表明,3% 的被调查者有着十分清晰且长远的目标,10% 的被调查者有着比较清晰的短期目标,60% 的被调查者目标模糊,27% 的被调查者根本就没有什么具体的人生目标与长远规划。

25 年之后,哈佛大学的研究者再次找到这些被调查者,结果发现:

在 25 年的时间里,仅有 3% 的被调查者始终不曾更改自己的人生目标,25 年来一直都朝着同一个方向不懈地努力奋斗。25 年后,他们个个都成了社会各界的顶尖成功人士,其中不乏白手起家的创业者、行业领袖和社会精英。

10% 有清晰短期目标的人,大都生活在社会的中上层。他们的共同特点是:短期目标不断被达成,生活状态稳步上升,成为各行各业不可或缺的专业人士,如医生、律师、工程师、高级主管等。

60% 目标模糊的人,几乎都生活在社会的中下层,他们能安稳地生活与工作,但都没有什么特别突出的成绩。

27% 没有目标的被调查者,几乎都生活在社会的底层。他们的生活都过得很不如意，经常失业，靠社会救济，并且经常在抱怨别人，抱怨社会，抱怨这个世界，而从未想过要努力奋斗，要改善自己的生活条件。

其实，他们之间的差别仅仅在于，25年前，他们中的一些人就已经知道自己最想要做的是什么，所以最终走向了成功。而另一些人则不清楚或不是很清楚，所以成功相对来说也打了折扣。这项调查直接验证了明确生活目标对于人生成功的重要意义。

香港著名营销导师冯两努曾这样说过："世界会向那些有目标和远见的人让路。"是啊，在漫长的人生路上，我们身处何境其实并不重要，重要的是我们朝着什么方向走。只有目标明确，成功才会降临。所以，为了提高自己，男人一定要给自己的人生设定一个清晰的目标！

选择爱人和伴侣的时候，女人大都偏向于潜力股！什么样的男人是潜力股？说白了就是有理想与抱负，有一颗积极进取的上进心。男人整天混日子，女人就看不到希望，连自己都养不活的男人，还能指望给女人美好的未来？

一个人穷没关系，只要志不穷。多数人都是普通人，美好的未来生活都是要靠自己去打拼。只要努力肯干，相信未来一定不会亏待你！所以，女人都明白：没有理想与抱负的男人，即使对自己再好也没用，只会让自己一点点地对未来绝望。因为"贫贱夫妻百事哀"！

生命如此宝贵，每个人都在寻找自己的价值，而事业更是男人最好的寄托。为一个目标坚持努力、经受考验，展现出最强的能力，将收获最终的成功，这样的人生才是最充实而有意义的。对于男人来说，只有追求高远的目标，才能最大限度地发挥自己的潜力。

相比于虚无的名望、短暂的利益，事业会成为生命最长远的寄托，会寄托男人最多的牵挂，会承托男人最多的付出。没有找到自己热爱的事

业,即使拥有很高的收入、拥有稳定的生活,也无法获得满意的人生。久而久之,就会使男人对工作失去兴趣和耐心。

　　同时,男人是否有明确的事业目标,也是女人评判这个男人是否值得欣赏、能否成为人生伴侣的重要标准。俗话说"女怕嫁错郎,男怕入错行",富有事业心的男人,能够给女人更多的安全感。他们有着理智的头脑,清楚地知道自己的目标,并懂得要为这一个目标付出怎样的努力,这样的男人在家庭中,也明白自己承担的角色与责任,会尽自己最大的努力,履行好自己所应承担的职责。

七、善于反省,善于总结和学习

　　幸福的婚姻都是相似的,仔细观察,就会发现它们有一个共同的特点:一般情况下,夫妻之间都能做到彼此欣赏,都善于总结和学习。也只有这样的婚姻,才能长久幸福。可是,这些看似简单的道理,背后却隐藏着一种神秘的力量——自我反省能力。

　　孟子曾经说过:"行有不得,反求诸己。"指的就是人要有自我反省能力。这种自我反省能力是所有幸福婚姻必须具备的。在柴米油盐的日子里,两人越来越熟悉,各自的缺点也一点一点地暴露在对方面前,两人都扛着家庭的担子负重前行,只要发现对方稍有一点不符合自己的心意,就容易激动。相反,拥有自我反省能力的男人,遇到问题,会反思自己,体察他人。男人能够做到这一点,也就少了许多的口舌之争,少了许多的面红耳赤。

　　李嫂来自四川农村，长得很普通，属于那种丢在人群中很难找到的人。李嫂和李哥是经人介绍认识的，只见了一面，便定下了亲事。刚嫁过来的一两年，他们俩总是拌嘴吵架。吵完架后，李嫂也和村里的其他女人一样，哭鼻子抹眼泪。不同的是，哭完了，这事也就过去了，不会再揪着老公的小辫子不放。起初，大家都觉得她有点可怜。娘家人都离得远，想诉说委屈也不方便，被夫家欺负了只能往肚子里咽。

　　可是，让村里人觉得诧异的是，夫妻俩相处得越来越和谐，多年来，不见大吵小吵，和和气气，很幸福。邻居吵架后，反倒会跑到李嫂那里诉说。李嫂跟他们讲述了自己的婚姻。

　　刚嫁过来的时候，李嫂感到很不适应，不仅要融入一个陌生的家庭，还想念家人，有点不顺心事就容易耍脾气。后来，她意识到，再这样下去，老公即使再没脾气，日子也不会长久。每次吵完架，她都会找老公聊聊，坦白地说出自己的委屈，询问老公的想法，也反思自己的错误。当两人静下心来聊天的时候，她发现老公会安慰她，被她诚实的话语打动后，也主动反思自己哪点做得不好。她觉得，这样比吵架更能让内心的不满得到释放。因此，以后遇到不顺心的事，她都会先反思自己，然后找老公沟通。正是因为李嫂和李哥懂得自我反省，面对问题时能坦诚沟通，夫妻俩的关系才变得越来越和谐。

　　幸福的家庭需要夫妻具备自省力。人最伟大的力量不是创造，而是自省！如果不能自我反省，不能看到自身的错误和不足，即使有非凡的力量，创造出来的也只能是埋没自己的坟墓！

婚姻中，没有绝对的对和错，只要两个人相互宽容，所有的问题就都不是问题。评价婚姻，说开了就是个尺度问题。双方都把握好了尺度，相互尊重，相互爱慕，相互包容，就是成功的婚姻。

婚姻中出现外遇，被背叛的一方肯定会承受更重的伤害。可是，一个巴掌拍不响，之所以出现外遇问题，双方肯定都有原因。不能单方面地指责出轨者花心，也不能只顾及被背叛的一方如何痛苦。在这种时候，应该给彼此冷静的时间和空间，停下来思考：在这段婚姻里，我收获了什么？失去了什么？还想坚持的理由是什么？是否还可以继续相爱？最关键的是必须反复考虑如何让这一切重新再来。

两个人的相处不可能只有爱情，也不可能只有伤害。尤其是有了孩子之后，婚姻给双方更多的是责任和道义。当初的激情退去，再浪漫的情愫都无法救赎被世俗消磨的爱意。

婚姻的实质是什么？与爱人厮守一生，共同面对生命中已经发生和即将发生的一切可能。无论曾经发生过什么，或正在发生什么，未来会出现怎样的状况，在婚姻中都不能丢失彼此关切的心。既要看得到自己，也要读懂对方，更要反省自己，检讨婚姻的状态，随时做出调整。

懂得反省自己的男人，迟早会得到女人的这四个"东西"。

1. 女人的真心

懂得反省的男人会让女人觉得很有安全感，会让女人慢慢地喜欢跟他待在一起；他会时刻注意女人的心情，会在不同的时刻给女人她想要的东西。女人会觉得这样的男人很懂自己，会慢慢地觉得这个人值得她付出真心。所以，懂得反省的男人都会得到女人的真心对待。

2. 女人的关心

很多男人都觉得不管自己做什么，如果女人不喜欢自己，就不会真心对待自己。其实不然。有些看起来不太优秀的男人，最能得到女人的关心。因为他们有一个重要的特点，就是懂得反省自己。只要学会反省自己，女人的关心，迟早都会得到。

3. 女人的疼爱

女人凭什么疼爱男人？并不只是因为爱，还可能是因为男人身上的一些特质，比如，懂得反省。懂得反省是女人最看重的，因为只有懂得反省的男人才会不断完善自己，带给女人最美好的东西。而也只有这样的男人，才最能得到女人的疼爱，女人也喜欢去疼爱这样的男人。

4. 女人的帮助

懂得反省的男人往往是优秀的，很多女人都看中男人的这一点，所以当男人需要帮助的时候，女人也会心甘情愿地伸出援助之手。她们对男人的帮助越多，男人越能变得优秀。此外，能够反省的男人，不仅会得到女人的帮助，还会得到其他人的帮助。

没有反省，就没有进步。如果想得到爱人和婚姻，就好好经营这一份感情吧！只有在婚姻中时常反省，才能保持婚姻美好的状态。

男人篇

第六章　体贴妻子

在婚姻中成长

一、既然选择了她，就要信任她

夫妻之间的信任是非常重要的，尤其是男人对女人的信任，更关乎家庭的幸福，同时也是自己快乐的关键。

婚姻是两个身体住在同一个灵魂里，两者具有高度的同一性，怀疑对方就是不相信自己。对妻子没有了信任，家庭便不会和谐，也再无宁日。男人破罐子破摔，女人回娘家，婚姻面临解体，这就是失去信任的后果。

妻子婚内出轨，对方是工作中认识的一个小伙子。他们在一起半年后，被老公发现了。

那天妻子上班忘了带手机，老公正好有急事找妻子的一个朋友，就从她手机上找到该朋友的号码。妻子的手机有密码，老公试了好几次才解锁。结果，妻子和小伙子的微信聊天记录就曝光了，满满的甜言蜜语，约会开房，情人节互送礼物，出差时聊天到深夜两三点，视频通话超过两个小时……

老公很生气，扬言要离婚。妻子也知道自己做错了，马上跟小伙子做了了断，也向老公道歉，承诺以后绝不再犯。老公也不想离婚，虽然最终原谅了妻子，但却无法再相信她。

妻子下班晚回家半小时,老公就会疯了一样给她打电话;妻子开会不接电话,他会直接冲到公司去找;妻子上厕所时间长一点,他会呼啦一下打开门,看她拿着手机在干什么;妻子发一下呆,他会暴怒,责问她是不是在想那个男人。

老公随时随地会想起那件事,一想起来就没完没了地盘问:"去年拿回来那条围巾是不是那个男人买的?""三月份去广州出差是不是跟他一起去的?""你们到底什么时候开始的?""到底有没有再联系?"……妻子必须时刻向老公汇报行踪,不能加班,不能出差,要随时回答他的审问,一不小心,就会引发激烈的争吵。

事发后,两人一直分房睡,但老公时不时会在半夜跑过去推醒她,让她滚,去找那个男的。妻子感到很痛苦。自己已经跟那个男人做了了断,也道了无数次歉,但老公就是不依不饶,依然拿这件事折磨她,也折磨自己。既然不同意离婚,为什么就不能让这事过去?

仔细分析就会发现,老公之所以一直拿这件事折腾她,表面上是在报复、惩罚她,其实还是因为两人之间的信任被破坏了。男人过去一直相信女人,结果却发现女人做了贼,自然要把女人当贼来防,这是人的本能反应。而当男人认为女人是贼的时候,关系就不可能维持常态,也就不可能好好地过日子。

信任时,女人不接电话,他会默认女人在开会;不信任时,他会立刻推想女人是跟另一个男人在一起;信任时,女人一晚上不回家,随便说个理由,他就能接受,能睡得很踏实;不信任时,五分钟看不见,男人就会涌起一百个不好的念头,就会气得发疯……正是这样的不信任,才是夫妻解体的开始。

老公的表姐刚生了孩子，要办满月酒。小冀想送点实用的婴儿用品，老公觉得送东西不如直接送钱实用。表姐自从怀孕就没上班了，只有表姐夫上班养家，养孩子花销大，经济肯定紧张。小冀也同意直接送现金，和老公商量了一下，决定送六百元。

没想到，吃完满月酒后，小冀无意中从婆婆口中得知，老公送了一千元。小冀很生气，也不是为了那几百元钱的差额，而是想不通老公为什么要瞒着自己。

也许老公是害怕小冀不同意送这么多钱，又不想让小冀知道之后生气，所以才瞒着。可是，不管为什么，这种行为终究是对小冀造成了伤害。婚姻中女人本来就很敏感，偷偷瞒着小冀给自己亲戚送礼，会让她没有安全感，觉得自己始终都是外人。

夫妻才是真正要相处一辈子的人，信任对方才能共建幸福的家庭。从心理学角度来说，失去信任意味着确定性的消失，即使普通事件也会被认为危险重重，即使是最微弱的负面信息也会被捕捉到，并直接联想到最坏的结果。想象力多强大，杀伤力就有多强大！可能男人换一件衬衣，女人都会推想他是要去见情人，想象他们见面之后会怎么样。

对女人产生影响的往往不是事情本身，而是她对事情的判断。女人比男人更看重感情，她们会把家庭看得像命一样重要。自己辛苦忙了一天，却换来老公的质疑或怀疑，妻子就会觉得自己像个孤独的外来人一样。看到自己的牺牲和付出都付诸东流，女人就会在外人面前变得唯唯诺诺，缺少自信。

女人把一生都托付给了男人，这就是一份天大的信任。男人信任女人的付出，感恩她的辛苦，女人就会变得荣光满面，精神焕发，打理家事也会更加地游刃有余。女人气色好了，男人的脸上也会倍添光彩。

因此，要想重建夫妻间的信任感，首先就要明白信任破裂的真正原因。任何一对夫妻感情破裂，都不是一朝一夕发生的，一定是矛盾长期累积的结果，只是因为某个点才爆发出来。表面上看起来是由某件事导致的，其实是两个人的相处模式、沟通交流、三观上出现了不和谐的地方，没有做好调整才引发的。

二、体谅妻子的难处

说到婚姻，很多人都羡慕文坛伉俪杨绛与钱钟书，我也是如此。

故事1：

杨绛生完女儿住院，钱钟书自己在家，每次到医院来探望，都会苦着脸坦诚自己做的"坏事"，不仅打翻了墨水瓶、扯掉了门把手，还摔坏了台灯。杨绛听后非但不会生气，还会笑眯眯地说："没关系，我会洗，我会修。"

钱钟书生病时，杨绛只求比他多活一年。"照顾人，男不如女。我尽力保养自己，争取'夫在先，妻在后'，错了次序就糟糕了。"她知道钱钟书从小生活在优渥的家庭环境中，不会打理生活，不善打理家务，随时准备善后。

故事2：

杨绛出院时，过去甚至连火柴都不会划的钱钟书为她炖了鸡汤，剥了碧绿的嫩蚕豆瓣煮在汤里，盛在碗里，端给杨绛吃。杨绛做饭，不敢剥虾。看到虾从碗里跳到地上，杨绛赶紧叫钱钟书来，从此每次买虾都是钱钟书帮杨绛剥。

从来没有抱怨、争吵，从来没有"怎么这都做不好"。对方做不好的，我来做好；对方没解决好的，我来解决。这就是杨绛与钱钟书婚姻幸福的秘诀之一。生活已经不易，如果夫妻之间不懂得互相体谅，烦恼和忧虑岂不大增？

李梅一生病就不吃饭，赖在床上，怎么劝都劝不起来。这时候，老公就会对孩子说："你妈不舒服就让她睡吧，我们先吃。"然后，盛好半碗饭，夹出一些李梅喜欢吃的菜，放在锅里温着。

吃饱了，他便把饭菜端进房间，把李梅拉起来，一边哄一边喂她吃，吃完再伺候她把药给吃了，才让她继续睡。儿子觉得妈妈生病的时候太娇气，爸爸却说："你妈平时多能干，是生病太难受了才这样，你多顺着她点。"

李梅觉得自己挺幸福的，老公知冷知热，懂得体谅。

夫妻之间懂得互相体谅，就像是在暴风雨中找到了避风港。即使日子过得平平淡淡，也是温暖有加。有温度的婚姻，才会长久。人这一世，父母会离开，子女会离家，能奋不顾身陪伴你、照顾你一辈子的，只有另一半。

男人要体谅妻子作为女人的诸多难处与不便，要尽可能多些细心和体贴。比如，女人每个月都有几天不方便，男人就应该想到这一点；孕期、更年期等特殊时期，更需要特别关心和照顾女人。

对于女人，男人不要太过马虎。尤其是在下面这些情况下，更要体谅妻子：

1. 妻子的事业处于低谷时

俗话说"贫贱夫妻百事哀"，经济向来都是婚姻的基础，经济一旦出现问题，很多矛盾都会由此出现。如果女人的事业处于低谷，男人依然给她鼓励，始终如一地相信她，那就说明男人是真心爱女人的，且能过一辈子。相反，如果女人收入高的时候，男人捧着她；女人落魄了，男人就贬低她，就说明男人爱的是女人的钱，而不是她的人。是不是真爱，经历一次低谷就知道了，朋友如此，爱人也是如此。毕竟，能同甘的人很多，能共苦的人却没有几个。

2. 家庭遭遇重大变故时

王珍是个孝女，母亲生病后，一直都守在农村老家，直到把母亲送走。但是，从母亲检查出癌症到去世，老公一次都没有回家里看望过，更别提去医院了。老公是城里人，养尊处优，嫌农村脏，自己不想回去。可是他忘了，躺在病床的那个人是自己的丈母娘，是妻子的亲生母亲。不仅如此，他还不体谅王珍，恶狠狠地说："该死的人必然会死，何必浪费时间？"听到这句话，王珍当场就心寒了，也坚定了离婚的决心。

女人家庭遭受重大变故，男人都不知道体谅，这样的日子，还能继续过吗？聪明的男人在这时候都会给予女人关心和体谅。

3. 妻子生大病时

真正的夫妻，既能一起吃苦，也能一起享福，无论对方是贫穷还是富有，是健康还是疾病，都会一直不离不弃地守护在身边，一起努力，携手向前。这是结婚时的誓言，是神圣的，更需要我们付诸行动，说到做到。但是，很多男人都是在结婚仪式上说得冠冕堂皇，妻子真正生病时，首先想的不是救她，而是想着会连累自己：妻子生病住院，要花很多钱，说不定还会人财两空，自己的后半生可怎么过？

生活中，这样的男人有很多，既薄情又自私的男人从来都不在少数。生过一场大病，看过男人的反应，女人的心里就比谁都清楚了。在女人最脆弱，也最敏感的时候，男人要不想离婚，就应该好好照顾她。

三、懂得欣赏和赞美老婆

美国作家温格说："即使是最美好的婚姻，一生中也会有200次离婚的念头，50次想要掐死对方的冲动。"能够相守一生的恋人是怎样维持婚姻美好的呢？在朋友圈中，我曾经读到过这样一则故事：

非洲的一个部落酋长有三个女儿，大女儿和二女儿长得既聪明又漂亮，她们的丈夫都用九头牛做聘礼。在当地，这是最高标准的聘礼。

第三个女儿不仅不漂亮,还很懒,到了出嫁的年龄,没人愿意出九头牛来娶。一个游客听说了这件事,拜见了酋长,说:"我愿意用九头牛娶你的女儿。"酋长非常高兴,把三女儿嫁给了他。

几年之后,酋长去看望远嫁他乡的三女儿。没想到,女儿已经变成了一个气质脱俗的漂亮女人,甚至还亲自下厨做出美味佳肴来款待他。

酋长感到很震惊,偷偷地问女婿:"你是怎么把她调教成这样的?"

女婿说:"我没有调教她,只不过坚信她值九头牛的价,一直都按九头牛的标准欣赏她、赞美她。她也一直按照九头牛的标准来做,结果就成了这样。"

丈夫的欣赏与赞美,能够让妻子走出自卑的阴影。如果故事中的游客不是用欣赏和赞美的方式对待妻子,那么酋长的三女儿可能会永远活在两个姐姐的阴影中!

丈夫的欣赏与赞美,对妻子来说极其重要。

周末,在家闲着无聊,我去朋友家做客。聊天期间,看到他们夫妻俩总是时不时地夸赞对方,相互欣赏的眼神里充满着爱意。吃瓜子时,朋友让我把瓜子壳直接扔桌子上,说:"我老婆很勤快,等会让她收拾下就行。"临走时,朋友还送给我一些家乡特产,说这是他妻子回老家时带回来的。朋友一边说,一边幸福地笑着。

记得刚结婚那会儿,很多人都嘲笑他娶了个又矮又胖的妻子。我问他,为什么会喜欢她?朋友说,她虽然长得一般,但性格好,不计较得失,跟她在一起,很轻松自在。

朋友对妻子一直保持着欣赏的态度,在他看来,妻子全身上下都是优

点,即使是缺点,也会把它当成优点来看。

而妻子也很爱护和尊重他,每次家里有什么事都会找他商量。

男人爱一个女人,多半都是从欣赏对方开始的。只有发自内心地欣赏女人,才能看到她的优点,而不会无限放大她的缺点。

婚姻中,彼此欣赏是夫妻生活的润滑剂。懂得欣赏彼此的好,就会更加喜欢和容纳对方,即使出现了矛盾,也能想到对方的好。你懂得我的辛苦,我也理解你的不容易;你疼爱我,我也珍惜你。懂得欣赏彼此,婚姻才是幸福的。

在写字楼上,开着一家心理咨询室,上下班的时候,周敏在电梯里总会遇到女心理医生李蕊,有时还会一起去同一家餐厅吃饭,一来二去她们就混熟了。周敏发现,李蕊每天上下班都是老公开车来接送,分别的时候她还会帮老公调整一下领带和西装,发型乱了,也会帮他整理好,两人总是有说有笑的。通过这些细微的动作,可以看得出,李蕊和老公的感情非常好。

周敏很羡慕李蕊夫妇的关系,一次聊天中,她无意中夸了一下:"做心理医生就是好呀,连和老公的感情都处理得这么好,每天他都会开车送你上下班,真令人羡慕!"

李蕊莞尔一笑,解释说:"我老公的公司离这里不远,刚好顺路。"

"你们的感情真好,像是恋爱中的情侣。"

听了周敏的话,李蕊似乎陷入一片沉思中,没有立即回答她的话。

过了好一会儿,李蕊一脸正色地对她说:"其实,我们两人是二婚。"

啊!周敏心里"咯噔"一下,强忍着不让自己太失态。

李蕊丝毫没有在意周敏的心理变化，感慨万千地说："小时候我妈告诉我，将来一定要嫁给成功的男人，我从小受到的教育就是：嫁给一个成功的男人，生活就会好很多。在我妈眼里，学得好不如嫁得好，干得好不如嫁得好。在我二十岁时，与前夫结婚，他很优秀，但我在他面前很自卑，两人没有共同话题，生活很压抑。这段婚姻我苦撑了半年，终于走到尽头。离婚后，我反思了母亲灌输给我的价值观。我发现，我妈这一生过得并不好，她没有自己的事业，没有自己的兴趣爱好，把心思全部放在了家人身上。可即使如此，她和我爸的关系也不好。我明白了，是母亲的错误价值观导致我第一次婚姻失败，于是我开始追求自己的事业。后来，我通过努力当上了心理医生，遇到了现在的老公。他对我很好，我也很爱他，很欣赏他。通过两次婚姻，我明白了一个道理：最好的婚姻状态，不是一方去依附一方，一方去仰仗一方，而是各有各的立场，既相互尊敬，又相互依靠。"

　　李蕊的一番话让周敏明白了很多。

　　真正稳定的婚姻，是两个人相互欣赏，相互成长，是两个人精神上的门当户对。就像两个相交的圆，彼此交集，却又不重叠，在交集的地方相互依赖，在不重叠的地方又有各自的圈子。好的婚姻，都离不开这一点。

　　夫妻之间，最需要赞美的是女人，因为她们最喜欢听到赞美之词。对于感性的女人来说，适当的赞美可以化解她心中的不平，能让她觉得被人认可；得到丈夫的赞美，她会更愿意付出，即使没有什么回报，她也认为是值得的。

　　事实证明：丈夫经常赞美妻子，就不会因为生活琐事而发生争执。因此，既然体贴妻子，就要快速地捕捉到妻子的最大优势，找准赞美的切入

点，比如，女人不漂亮，但气质很好；女人个子很矮，但很小巧，皮肤细腻又白皙。总之，每个女人都有真正值得赞美的地方，就看男人会不会去发现了。

四、一心一意宠她爱她

宠爱妻子，是婚姻的幸福法则。把老婆当成第一女神，宠着她，惯着她，一家人就会幸福美满。美国拉特格斯大学一项研究发现：在婚姻中，如果女方觉得幸福，婚姻一般都幸福；反之，即使男方觉得不错，只要女方觉得不幸福，婚姻也会出问题。

男人首先要爱自己的妻子，只有营造好夫妻关系，才能让妻子拥有更多的爱，才会让妻子更有归属感，这样的家庭才会更加稳固。所以，只有让妻子感到被宠爱的婚姻，才是高质量的婚姻。

有一次和朋友去餐厅吃饭，邻座坐着一家老少五口，一个小男孩有三四岁。开始的时候我们没有注意到这家人，但是从上菜开始就发生的一系列插曲，引起了我的注意。

菜都上齐后，老公对妻子说："去跟服务员要点儿纸。"妻子本来在照顾孩子，听老公这样说，立刻起身去拿纸。拿来纸，刚坐下，老公又说："妈想喝果汁，去点一个。"妻子又起身，帮婆婆点果汁。等把果汁拿回来，老公又说："你不能给大家倒点儿水？"妻子又起身倒水。

倒水的过程中，孩子不小心把饭碗碰到地上，老公的脸立刻就红了，说："怎么搞的，连个孩子都看不好。"婆婆也随声附和："就是，挺大的人了还毛手毛脚。"孩子也跟着喊："都怪妈妈，都怪妈妈……"

在整个吃饭的过程中，妻子都没有坐下来休息片刻，更没有吃过一口饭，只是默默地为大家服务。而其他人都没帮过她一次，除了命令就是指责，甚至连孩子也学着大人的口气指责她。

看到这一切，我很心疼这个女人，在家里，她连最起码的尊重都没有得到，更别说幸福了。

一个女人、一个家庭的幸福指数，往往取决于老公对待她的态度和宠爱程度。老公越宠爱妻子，妻子越能散发出女人的魅力和母性光辉，而在这个家庭中成长起来的孩子也会更加优秀。

小杰今年三十五岁，结婚七年，孩子四岁。她身材保持得很好，一点也看不出是生过孩子的人。她整天都梳着学生头，有时扎个半丸子头，乍看起来简直就是活脱脱的90后。

第一次看到她时，很多人都会认为她还没有结婚，在听说她孩子四岁了，甚至还会大吃一惊。有人问她如何保持年轻？她羞涩地说，自己在家里"很受宠"。小杰说："无论我做什么，老公都特别支持我、尊重我，永远站在我这一边，包括对孩子的教育。"有了老公的支持与尊重，小杰感到很快乐，而这一份快乐也感染着家里的每个成员。

不仅如此，老公还在语言上对她进行积极的暗示，经常叫她"小丫头"。如果她觉得自己胖了，老公马上会说："哪里胖，你要胖，世界上就没有瘦的了。"如果她觉得自己老了，老公也会立即回应："才不老呢，如

果你不说，别人都不知道你结婚了。"

经常受到老公这样的"心理暗示"，小杰一直觉得自己很年轻，而她看着也确实年轻。

在家里受到这样宠爱的女人，想不年轻、想不幸福，都难。

女人都期望找个知冷暖的人，一起抵抗外面的风浪，安稳地撑起两个人的小日子。可是，很多男人虽然许诺给女人岁月安好，但最后给女人的都是大风大浪。男人对女人是真情还是假意，不在于说了什么，而在于做了什么。在令人艳羡的婚姻中，真正宠爱妻子的男人一般都会做到以下三点：

1. 放下身段

小可和老公是周围公认的模范夫妻，他们的感情让人羡慕。朋友问她，当初她是如何看上老公的。她的回答是，他愿意为我放下身段。一天两个人逛街，小可的高跟鞋有点磨脚，老公就默默地走进药店买了一盒创可贴，在街边细心地帮她贴到脚后跟上。小可本来是个坚强、独立的女人，刹那间被这个看起来笨拙却细心的男人感动了。

人们常说女人会"自此长裙当垆笑，为君洗手做羹汤"，事实上，男人一旦动了情，也会甘愿为女人低下腰、放下身段，做一些力所能及的小事。男人是不是真正宠爱妻子，不在于他是否舍得给女人买东西，而在于他是否愿意将自己珍惜的东西给女人。因为真正宠爱妻子的男人都会放下身段，将自己最好的东西送给对方。

2. 相谈甚欢

夫妻之间最好的相处模式是：遇到事情，女人刚开口说第一句，男人立刻就能接上来，怎么聊都不会觉得无聊，且每次聊完之后暗自感慨，世上怎么会有这么合拍的人。

年轻的时候，我们总是希望自己能爱得如痴如醉，可是，再轰轰烈烈的爱情也终会归于平淡，孤独是我们共同的宿命。生活中两人无法交流，一张口就吵架；下班后不想回家，家里充满怨气，听不到一句暖心话……这样的局面，只能恶化夫妻关系。如果把抱怨换成安慰，把唠叨换成关心，把不满换成温柔，想必会好很多。

主动跟爱人说说话，既能享受生活的美好，又能分担生活的压力，这才是婚姻中相爱的最好方式。

3.爱她就像爱自己

女人最爱男人的一刻或许是：男人心甘情愿地放下身段，小心翼翼地照顾她；下班后，男人愿意花些时间倾听她的忧愁与烦恼，陪她聊聊生活中的琐碎。

女人并不贪心，想要的并不多，她们只想在平凡生活里找寻一丝温暖。这温暖可以是男人的一个宠溺微笑、一句发自肺腑的"老婆辛苦了"、一个深情的拥抱、一个温柔的吻。如果真正爱她，不管遇到任何事，首先就会想到她，好的想跟她分享，坏的想替她遮挡。

如果男人深爱一个女人，多半都记得女人喜欢吃的菜，会偷偷查好菜谱为她露一手；在女人还在熟睡时，他会穿着拖鞋下楼帮她买早餐；上班前看着赖床的女人，他会无可奈何地亲一口……总之，他会想方设法为女人准备更多生活的小惊喜，让女人一次又一次地爱上他。

最好的婚姻就是和爱人一起把日子过成诗——你一直在我心里，爱你就是爱自己。这才是真正宠爱妻子的男人会有的表现。

五、不要摆脸色给妻子看

在这个世界上，无论男人结交过几个女人，最后能够走入婚姻殿堂的，终究只有一个。遇到了深爱的人，遇到了这辈子唯一深爱的人，凭什么不好好疼她？老婆是娶来疼的，不要摆脸色给你的女人看！

1. 不拿她和别的女人做比较

不要老说别人的老婆如何如何好，不要数落她不漂亮。她能嫁给你，是你的福气。对多数女人来说，听到老公说自己一句好比所有人说她的好加起来还受用。

2. 不能总是冷落她

女人一般都敏感多疑，她会把很多事情往消极的方面想。其实，出门前一个蜻蜓点水的吻、回家推开门时的一个拥抱，都会让女人以后想起来感动万分。

3. 不要对女人发脾气

男人在生意场光鲜整洁，女人在家中忙里忙外，繁忙的家务已经让她满肚子冒火，可是为了让男人无后顾之忧，她却默默地做着这一切。男人下班后回家对她说一句："老婆，你忙了一天，辛苦了！"女人笑笑说："没什么，你才辛苦呢！"该是一幅多么和谐的画面呀！

4.体谅女人对帅哥的崇拜

女人都喜欢美的事物,帅哥也是其中之一。看到帅哥从旁边经过,女人多看几眼,你可以吃醋,可以生气,但不能责骂,因为她们看到帅哥时的心境比男人看到美女时的心境更加单纯。

5.有修养的男人绝不打老婆

如果真爱女人,就一定要尊重她,不能随便动手。如果已经不爱她了,就摸摸自己的良心:我还能让她幸福吗?如果答案是否定的,就放她走,让她找个真正对她好的人。

六、包容女人一切无理的举动

如今,很多年轻人在家里都是宝,享受着父母的万般宠爱,都有自己的个性特征。结果来自不同家庭的男女在步入婚姻后,不懂得理解和包容,经常会因为一些琐事而争吵不休。恋爱时的各种甜蜜变成了婚后的各种矛盾,这该如何是好?其实,人非圣贤,孰能无过?对于女人的无礼表现,男人要多一些理解与包容。

晓莉温柔贤惠,每天都会早起,给老公做早餐,下班回家会打扫卫生。但是,到了年底,为了完成本年度的工作,晓莉不得不加班,甚至加班到很晚。有一天她早上起床晚了,自然没来得及做早饭,老公就开始抱怨。老公说:"你不知道我不吃早饭会头晕吗?光顾着自己睡觉,怎么这

么自私！"晓莉沉默了……

由于工作的关系，老公被总公司调往北京公司工作半年。晓莉很想他，利用周末的时间，到北京看望老公。当时下着大雪，接电话时晓莉语气不太好，老公生气了，居然把她晾在了火车站。同宿舍的同事劝他，他竟然说："她爱去哪儿去哪儿，关我屁事。"那时，男人只知道晓莉说话语气冲，却不在乎她一个人在外面冷不冷、有没有危险……

半小时后，老公收到了晓莉发来的微信："我为你做饭，我对你好，只是因为我爱你，但这不是我应该做的。要知道，跟你在一起之前，在家里我爸妈什么家务都舍不得让我做。你把我所有对你的好都视为理所当然，既然这样，那我的爱就不再有意义了。"最终，晓莉选择了离婚。

婚姻里最浅薄的关系是，即使女人为男人做了一百件事，但只要有一件小事没有顺着男人的心，男人就能忘记女人所有的好。遇到婚姻问题，要想办法解决，共同承担责任，不要抱怨和指责，要知道，任何人都不欠你的。

人无完人，每个人都或多或少地在某些方面存在瑕疵。爱一个完美的人并不难，但是爱一个有瑕疵的人却很难，而长久地爱一个有缺点的人更是难上加难。夫妻之间的关系发展就是这个样子。恋爱时，看见的都是对方的美丽、才华、善良、宽容；结婚后，碰到的都是鸡毛蒜皮的小事，战争时常会爆发，彼此的伤害更像家常便饭，这时候只有懂得包容，才能维持婚姻的美好。如果任凭冷漠、鄙视、指责充满生活，爱情和温馨也就无处找寻。

不懂包容，就不懂感恩，没有了感恩，就会有私心，如此也就有了战争的导火线。因此，彼此间的包容是让婚姻走向成熟、和谐、幸福的法宝。

吕芳比较爱干净，喜欢将家整理得整洁有序，喜欢把家打扮得很有情调，喜欢与老公在家里打打闹闹。吕芳与老公结婚后，总是按自己的意愿打理家务。可是，自从婆婆从乡下搬来一起住后，她不但对生活失去了感觉，与老公的关系也搞得很僵。三个人都生活在痛苦之中。

老公是婆家唯一的儿子，公公很早就离开了人世，婆婆一个人含辛茹苦地将儿子抚育成人，并供儿子上了大学，确实很不容易，老公对母亲更有一种无法言语的牵挂。所以，婚后一个月老公就把婆婆接来同住。刚开始，生活还算融洽，看着老公对他母亲如此耐心，吕芳也感到很高兴，觉得自己真没嫁错人。但过了一段时间后就出现了矛盾，最后到了彼此都无法容忍的地步。

吕芳喜欢睡懒觉，通常不做早饭，随便在外面解决。婆婆来了，家里要做早饭，老公只能早上爬起来做早饭。看着儿子早上爬起来给媳妇做早饭，婆婆觉得不合理。于是，每天起来吃早饭就成了吕芳痛苦的开始。不吃早饭，对不起老公，婆婆还以为自己故意赌气；一起吃早饭，婆婆的眼神与脸色实在是难看。

一天早上，吕芳实在吃不下早饭，结果婆婆放下筷子离开，关上门躲在自己房间里伤心地哭。吕芳没在意，直接就去上班了。下班回来后，婆婆不在家，不知道去了什么地方，吕芳给老公打电话，老公没有回应就挂了电话。老公很快回来，立刻回老家找婆婆，那恶狠狠的眼神让吕芳终生难忘。

几天后老公回来，直接搬进了婆婆住的房间睡觉，不给吕芳任何解释的机会，也不与她有任何的交流。吕芳与老公的冷战一直持续着，她不知

道该如何来解决自己与老公之间的问题。

  案例中的故事很令人遗憾，这样的结局真让人怀疑真爱是否存在。其实，婆婆来到家以后的不适应是正常现象，彼此之间发生分歧也很正常。因为彼此之间生活方式不同，需要一段时间的磨合。不正常的是，夫妻俩没有即时进行沟通，不懂互相包容，老公对吕芳的态度更让人不敢恭维。

  每个人都有自己的生活方式，老人的习惯已经根深蒂固，改变起来很困难。作为老公和儿子，夹在中间虽然有些为难，但有责任调节妻子与老人的关系。如果能够对妻子多一些包容，而不是一味指责，事情绝不会发展到如此严重地步。

  婚姻的悲剧来源于计较和算计，埋怨并不能解决问题，只有包容才能减少矛盾的发生。苛责并不能让日子过得美好，不仅心累，还会失去与你同甘共苦的爱人。喜欢斤斤计较的男人，会让婚姻土崩瓦解。

  语言是表达内心和爱意最直接的方式。婚姻中差异总是存在，你有你的意见，我有我的观念；你有父母的意见作为参考，我有闺蜜的看法作为指导；你喜欢的我不一定中意，我在乎的你可能无所谓。可是，情感的裂痕有可能就在一次次琐碎的冲突中慢慢变大，而两颗受伤的心却不知如何抚慰。

  当夫妻间的沟通受到了阻碍，情感的流动也就受到了阻碍，开始是争吵、指责，慢慢地发展为不敢沟通、不想沟通、回避沟通。当"争吵"代替了沟通，当"指责和冷战"代替了情感的表达，婚姻的危机也就开始出现了！

  夫妻间的沟通极为重要，掌握有效的夫妻沟通技巧，有助于改善夫妻关系，更是婚姻的润滑剂。

  1.用语言来表达爱和感激

  很多男人都认为，我对她的爱，她应该知道啊；我想她，她应该知道

啊；我感激她，她应该能够感觉到啊……可是，事实上这些"应该"她都没有感觉到，也不知道。

夫妻来自不同的家庭环境，对一些事情的看法多半都带有原生家庭的痕迹；同时，两性的差异，也让彼此根本不可能每时每刻都会想的一样。所以，一方的感激或爱，另一方也许不会感觉到，需要一方清楚地表达出来。

甚至很多时候，表达出来都未必能理解，更何况是不说呢？

老公喜欢批评妻子，妻子感到很委屈，感觉自己一点优点都没有。后来，妻子问老公："为什么你老批评我？你不爱我吗？"老公回答："我怎么不爱你？你是我这辈子见过的最好的女人，但是如果我不批评你，你怎么改变缺点，如何能变得更好？我是因为爱你，才对你要求更严格。"

这真是爱之深恨之切啊！因为爱她，希望她更好，才要批评她。可是，老公没有说出这些话之前，妻子还以为老公讨厌自己呢。所以，既然爱她，就要说出来。

老公的感激，不说出来，妻子不知道，只能导致误会。无论什么事情，只要说出来，摆在桌面上，结果都不会差。更何况是爱，是感激呢？

2. 不要想当然地认为她理解或明白

很多男人都对理解的期望值过高，在两性亲密关系中尤其如此。

有一对夫妻，两人结婚十年了，妻子总是说，我知道他怎么想的，连他想说什么话都知道。而老公却越来越沉默，为什么？因为老公有自己的想法，而妻子又自作聪明地认为自己了解老公。老公只要说出自己的想法，妻子总要争吵，所以老公只能选择一个比较和平的方法——沉默。

取悦妻子的最好方法，就是让对方觉得你事先并不知道她的想法。如果她的答案和你设想的不一致，不要做出无聊的表情，好像她的一切都尽在你的掌控之中，要让对方看到你的愉悦。

3. 不必非要占上风

很多夫妻在争论的时候，非要辩个对错，论个输赢。可是，争吵这种事哪有赢家？在争输赢的过程中，其实大家都输了。忘记了最初沟通的目的，就无法达到预期的沟通效果。

生活中的很多事情都无法解决，没有对错，因此遇到意见不合，跟伴侣说几句绵绵情话，想个双赢的解决方法，比无休止的争论对错要好多了。家庭不是法庭，夫妻不是律师和法官，何必非要占上风？

4. 避免表达负面情绪

好的事情、快乐的事情要跟爱人分享，不愉快的事情，千万不要口无遮拦地说出来，过后一定会为自己的话感到后悔。即使当时只为了痛快而说了那些话，并且觉得对方"活该如此"，可一旦发现两人的关系受到影响的时候，也会为当时的举动而感到沮丧。

一件衣服穿得太久，布料会变薄或磨出破洞，感情也是如此。过多的负面情绪会导致感情的流逝，再深的感情，也无法经受负面情绪的不断侵蚀。所以，要尽量让自己举止得当，避免事后懊悔。

当感到伤心沮丧时，要驻足片刻，要让自己重新平静下来，传达出心底的真正所想。这样，即使依然牢骚不断，伴侣只要足够敏锐，依然能够感觉到你同时也在说："我真的很爱你。"

5. 注意自己的语调

愤怒会令声带拉紧，而爱则会令之松弛。亲切、幽默、骄傲、热情、消极、虚弱、有力，还有其他的情绪，都会立刻反映为声音的变化。改变讲话的声调，可以很容易地修正负面态度，如果没有注意到这些细微的差别，下次与爱人交谈的时候可以留心一下。

讲话的声调能够反映人的精神和情感状态，记住，说话的语调和所讲的内容同样重要。

6. 慢点发脾气，快点原谅人

人们的言行常常有很充分的理由，在发脾气前，最好假定自己的伴侣是无辜的。如果感到委屈就怒目而视，最后却发现是自己对事情判断错误，就要立刻承认自己的错误。永远都不要固执地坚守一个错误，然后一错再错。

另外，当伴侣试图弥补自己的过失时，要尽己所能去体恤对方。反之，如果将怒气当成棍棒不断挥舞，或将自己裹在仇恨的斗篷里，只能将两人的感情出卖给怒火，继而将两人烧得遍体鳞伤。

男人篇

第七章 打造婚姻

一、婚姻里，学会善意的谎言

美国心理学家罗森塔尔和 L. 雅各布森来到一所小学进行实验，将一份"最有发展前途者"的学生名单交给了校长和相关老师。其实，这只是罗森塔尔撒的一个谎言，因为名单上的学生是他随便挑选出来的。8 个月后，罗森塔尔和助手对所有学生进行了复试，结果奇迹出现了：凡是上了名单的学生，个个成绩有了较大的进步，且性格活泼开朗，自信心强，求知欲旺盛，乐于和别人打交道。

罗森塔尔并不是预言家，也没有什么魔力，真正起作用的是教师受到的心理暗示，他们不仅对名单上的学生抱有更高期望，且会有意无意地通过态度、表情、体谅和赞许等行为方式，把这种期望和认可传递给学生。教师也对这部分"最有发展前途"的学生建立了一种有偏向的、错误的认知，但正是这种认知影响了学生更积极的态度和行动，这种影响给教师本身带来了良好的情绪体验，同时也让学生变得更努力。

罗森塔尔效应不只会发生在教育场所，在婚姻关系当中也同样适用。男人就像是实验中的教师，而女人就是名单以外的学生。就像罗森塔尔做的实验一样，要先学会对自己"说谎"。男人之所以与女人的矛盾越来越大，是因为男人只看到了女人的缺点，对她的行为嗤之以鼻。所以，要想打造和谐的婚姻，就要转变对她的认知，重新看待她，暂时把那些看不下去的缺点放到一边，多看对方的优点和魅力，回想一下最初你们认识时你对她的爱慕。

有人说，谎言说了太多次，自己都会信以为真。的确，当男人愿意更积极、更全面认知女人，把她列为"最有发展前途者"，给她鼓励与认可时，美好的改变随时都可能发生。

婚姻中，需要善意的谎言。因为，婚姻中太过真诚也会带来伤害。

男人长得英俊魁梧，满腹经纶，才华横溢。可是即使如此，连续结了三次婚，都以失败告终。年近四十，依然孑然一身。其实他没有什么大毛病，就是太真诚。比如，他会将自己跟女性朋友的书信、照片，以及约会、游玩的细节，都讲述给妻子听。

可是，哪个女人可以忍受这样的"侮辱"？而他却始终不理解三位妻子先后离开的原因。他认为，自己从不隐藏自己的观点和个性，向妻子袒露心迹，难道太"真诚"反倒有错吗？

婚姻中，很多人都是渴望真诚和理解，却很难把握好真诚的尺度。其实，婚姻中过于真诚，不但毫无益处，还会引起对方本能的妒忌、反感、怀疑和抵触，严重的还会造成感情破裂和婚姻终止。

很多女人只要求对方理解自己，却不愿意理解对方，对自己的"婚外恋"或其他缺陷，认为很神圣、很美丽，却不容许对方有一点"越轨"行为。一旦发现，就会对对方心生怀疑，少了信任。

调查显示，婚姻中有48%的夫妻都有自己的秘密，都对伴侣撒过谎，谎言有关于金钱的、关于孩子教育的、关于过去感情的。但这种状况却有利于婚姻的持续。

老婆生病住院,老公每天晚上都要到走廊里,打电话向家里的儿子交代如何喂猪、如何放牛。后来,一位病友偶然发现,男人并没有真的打电话,而是自说自话地对着电话嚷嚷。

病友搞不明白,问他为什么要撒谎。男人指了指病房,说:"电话并不是打给儿子的,而是故意说给我老婆听的。为了给她治病,我已经将全部家当,还有猪和牛,都委托亲戚卖掉了。我妻子一直都闹着要出院,为了稳住她,我只好每天用这种方式来安慰她。"

这个谎言是爱的谎言,但谁会去谴责这个谎言呢?

生活中常有类似的谎言发生,但大多都是无伤大雅的。这些善意的谎言,磨砺着男人对婚姻的耐性和对女人的信任。夫妻之间总会有些隐私和谎言,如果是善意的,不影响婚姻,那么彼此都要学会宽容对待。偶尔的谎言往往很美丽,小小的欺骗往往很诚实。

男女的感情需要"以诚为本",但是也有前提。在一些特殊情况下,真实的告白不仅显得自己没有情调,还会伤害到对方,破坏双方的感情。因此,特殊的事情需要有特殊的方法,而善意的谎言就是维系感情的小秘方。

在别人眼中,女人是一只丑小鸭;而在男人眼中,她却像一位骄傲的公主,女人就会自信很多,这就是善意的谎言的力量。诚实是做人的根本,但是在现实婚姻中,男人必须学会善意的谎言。

二、承担婚姻中的责任，给妻子可靠的肩膀

有人说：爱情是短暂的浪漫，而婚姻是一种永久的责任！对于爱情，人们往往追求的是一种享受、一种自我满足。恋爱的时候，人们并不会想太多，只要自己开心快乐就好。而婚姻就完全不同了。婚姻更多的是一种责任关系，两个人都要承担相应的责任，男人更是如此。

婚姻是赡养长辈及延续后代的殿堂，结婚之后夫妻的责任就是把这个殿堂打扮得漂漂亮亮，给长辈及子孙后代提供一个舒适美好的家园环境。在选择婚姻的同时，也就选择了责任，男人必须为婚姻负责。如果男人只想得到，而不愿付出，不肯承担责任，婚姻一定不会长久和幸福。

恋爱时，是妻子主动追求李明的。大学毕业后，李明应聘到工厂当技术员，妻子在一家医院当了护士。婚后的几年，是李明最怀念的幸福和睦生活。七年过去，李明渐渐地对婚姻产生了厌倦。

儿子出生后，生活缺少了最初的浪漫，李明身上的爱情开始减退。他厌烦所有的家务事，妻子只好独自承担起家里的一切。一次，妻子发烧躺在床上，李明下班回来后，妻子想让他去接上幼儿园的儿子，他却说："你以为你病了就了不起了，我才下班，累得筋疲力尽，还是你去吧。"

妻子说他不体谅自己，李明便闹起来，说："我每天工作这么辛苦，

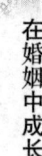

还不是为了这个家？"妻子怕邻居听到，只好一声不吭。见妻子沉默，李明便以为自己有理，闹得更起劲了。

婚姻需要两个人共同经营，只要求对方承担维护家庭幸福的责任，就显得太自私了。

有一对夫妻，老公是公务员，妻子是银行职员。妻子想在职场上有更进一步的发展，决定辞职继续考研。老公非常支持妻子的决定，主动提出晚两年再要孩子，并承担了所有的家务活，无微不至地照顾妻子。

看到他每次下班回来手里都拎着菜，同事忍不住问他是否觉得自己太吃亏了？他愣了一下，认真地说："没什么吃亏的呀！我们是夫妻，互相付出是应该的。如果整天计较谁付出的多，那还叫过日子吗？再说我刚上班那会儿，整天为工作的事情奔波，家里的大事小事都是她操心，她也从来没有抱怨过一声！"

一个家庭如果想美满幸福，夫妻双方都应共同努力，不要总跟对方比谁牺牲的多，不要推诿，不要指责。对于家务活一类的琐事，如果有时间了，就多承担一些，爱人会把你所做的看在眼里、记在心里。

现在，不少年轻夫妻对家庭缺乏责任感，比如，你不爱做家务，我也不做；妻子下班回家晚，老公斗气就彻夜不归；你跟我动嘴，我就跟你动手……闹到最后，女的哭泣，男的叹气，然后再一起哀叹"婚姻是爱情的坟墓"！其实，如果两个人都能积极承担起对家庭的责任，又怎么会走到这步田地？

男人天生就是要承担责任的，特别是对于已经结婚的男人，需要承担的责任就更加大了。古人云:"修身、齐家、治国、平天下。"婚姻中的男人也许做不到治国、平天下,但至少要做到对家庭负责,对孩子负责。

1.男人一定要有自己的事业

活在这个世界上,一定要有可以支撑的东西。对于男人来说,最大的支撑就是事业。因为事业不仅可以保障经济收入,也能够让男人更加自信。男人要把成就自己的事业当成最大的责任,要努力赚钱来实现自己的财富梦想。

在事业这条道路上,注定要付出很多、承受很多,但一定要坚持。有了事业,才会更加有担当,才能知道什么是责任、什么是真正的男人。

2.男人要维系好自己的家庭

为了事业而不顾家庭,到头来,不仅会没了事业,还会失去家庭。有的男人虽然取得了事业上的成功,但是家庭支离破碎,这样的男人根本就不算是成功的。真正成功的男人不仅会创造自己的事业,也会让家庭关系变得更加和谐。用自己的智慧做到事业家庭双丰收,是男人的责任,也是男人的使命。

3.男人一定要教育好后代

虽然说"虎父无犬子",但是如今很多富二代却只知道吃喝玩乐。他们的父亲可能是企业家、大老板,但自己却是一个只知道花钱炫富的纨绔子弟。原因何在?家庭教育出了问题。他们的父亲虽然获得了事业的成功,却没有教育好后代,这是莫大的悲哀。男人一定要承担起教育后代的责任,不要把重心全部放在事业上,要知道孩子比事业更加重要,因为孩子是传承、是希望。

三、背叛婚姻，后果无法承受

对自由的追求，男人由衷地热切，即使是深处婚姻的围城之中。

男人背叛婚姻，往往是身体对新鲜感的渴望，一开始可能并没有打算离婚。男人在背叛婚姻时，往往会悄无声息地掩饰住自己早已怒放的心。他们会一边努力摆平妻子，一边在外彩旗飘飘。所以，在男人温柔的爱意里，有些女人后知后觉，当发现老公背叛婚姻时，就会感觉天都塌了。

出轨时，很多男人都觉得自己可以收放自如，想进则进，想退就退，从未想过要付出离婚的代价。可是，叛徒通常都没有好下场，尤其是婚姻中的"叛徒"。

背叛婚姻的人基本上都是婚外恋，他们抛弃了自己的爱人，抛弃了曾经的誓言和责任，只顾自身的快乐，从没有真正为另一半着想过。当然，如此"邪恶之徒"也不可能善终，肯定会遭受恶果。

后果1：失去家庭

俗话说"一失足成千古恨"，敢于在婚外恋里折腾的男人，也会招来杀身之祸。现实中，由于男人的婚外恋情被发现，伴侣因愤怒而杀人的事件屡见不鲜。即使事情没有那么严重，等待出轨男人的也是家庭的破裂和亲人的离散。

后果 2：孤苦终老

如果婚外恋双方都有家庭，一旦事发，若一方离婚，另一方却继续原来的婚姻，那么离婚者只会人财两空，后悔莫及。而选择继续原有婚姻的一方，夫妻间也会因此留下难以愈合的伤痛，给今后的生活留下隐患。

后果 3：因爱生恨

家庭中的男人发生了婚外恋，有的女人很可能会转爱成恨，并出于报复心理，也会去找情人，最后导致家不像家，夫妻不像夫妻。而在此影响之下，男人与情人的关系也会随之改变，使情人变成敌人，最终成为"孤家寡人"。即使男人的婚外恋被发现时，女人并没有以其人之道还治其人之身，夫妻间也会反目成仇。这是因为，当女人发现自己的爱人已经有了新欢，绝不亚于晴天霹雳。她们觉得自己已经没有退路，为了婚姻，自己已经失去了宝贵的时间，付出了珍贵的感情、梦想，还有身体上的损失，如果放弃就是一输到底，所以多半都是死也不肯分开，还会弄得家中鸡犬不宁；当哭闹、哀求等都无法达到目的的时候，很多女人就会选择孤注一掷的极端手段。

后果 4：道德沦丧

许多人也许会问，到底有没有相伴一生的婚外恋？这个回答是肯定的，没有！即使夫妻也不可能百分之百的一生一世，更何况情人。婚外恋的最终结局无外乎是因为爱得太痛太累而爱不下去。在这种关系中，如果能天长地久，只有一种可能，两人的心理素质都不错，都能坦然潇洒地面对来自道德、家庭的压力，但这是不可能做到的。虽然道德是无形的，但人却会受其影响。

后果 5：永不翻身

好事不出门，坏事传千里。只要男人接触了婚外恋，只要把爱人抛

弃，第二天就会成为亲朋好友、同事、同学之间的焦点；如果男人还是有点名气的人，可能全国、全世界都会知道！自此以后，男人的清誉就会一扫而空，所有人都会戳他的脊梁骨。而且，想要弥补，更是难上加难，尤其是感情的背叛。所以，只要触碰了婚外恋，男人就永远都不能翻身了，一定要三思而后行。

四、任何理由都不是出轨的借口

在这个物欲横流、诱惑泛滥的时代，出轨的借口真的很多，空虚、寂寞、无聊、需要、控制不住……可是，任何借口都不是出轨的理由。

李斌长得人高马大，一米八的个子，却没什么女人缘，追了几个女孩，都没有成功，原因是他的性格有问题。最后经过相亲，他跟一个很朴实的女孩结了婚。可是，李斌并不满足，为了证明自己的男人魅力，他便把主意打到了网上。

没结婚前，李斌见过很多网友，但那些都是未婚的、年纪相当的姑娘，可这次不一样！他在网上认识了一个上海的已婚少妇，对方说感到很寂寞、很空虚，老公经常出差，让李斌过去找她。

结果，李斌真的去了，跟那个女人一待就是一周。回来之后，就火急火燎地约朋友出来，骄傲地跟朋友炫耀他的艳遇，好像在洗刷他多年没被女人青睐的冤屈，完全没有考虑过家里妻子的感受！

既然想要幸福的婚姻，就要克制自己，不要追求所谓更合适的爱情。不忠于婚姻，就不要把"追求魅力"当作婚内出轨的借口。文明社会，结了婚还可以离婚，更何况是一个不足以令人信服的理由？

对前一段爱情善始善终，也是对后一份爱情的负责，用"那才是更适合我的"当作理由来粉饰自己的出轨，本身就是一个自私而无耻的体现，不要想着原谅，任何方式都洗不白。单身的时候心思就不单纯的男人，更不要指望结个婚就能变好。

获得幸福的唯一途径，是自我审视、自我完善、自我成长和对自己负责。男人为自己的出轨找借口，自己爽快了，妻子却会被打击得失去信心。切记为了婚姻，就不要用下面的借口为自己的出轨做掩饰。

1. 你不够好，我才出轨

很多男人出轨后，为了减少自己的负罪感，面对妻子的质问，会来一句："是你不够好我才出轨，是你逼迫我出轨的。"面对身边的亲人及朋友的规劝，他们会来一句："是我妻子不够好，我才出轨的。"女人要有多好，男人才不会出轨？答案是：不管多好，都有出轨的。所以，男人要客观地看待这个问题，自己有问题就要去改正，没有问题就不要去苛责他人。

2. 是她勾引我，我才出轨

有些男人出轨后，把大部分责任推给第三者，说："是对方诱惑我，我才出轨的。"似乎自己很无辜。但是，苍蝇不叮无缝的蛋，恶魔之所以会找上你，是因为你给了恶魔机会。虽然有些男人确实是被第三者勾引而跨出婚姻围墙的，但面临诱惑，为什么有些男人能抵挡，而你却不能？这是男人需要反思的问题。

3. 我犯了天下男人都会犯的错

很多男人出轨后，为了提高说服力，会给自己找坚强的后盾："是男人都会出轨，天下出轨的人太多了，某某明星不也出轨了吗？"出轨不是一件平常事，不要妄想以此来减轻自己犯错的罪恶感。

4. 工作压力大，我才出轨

有些男人出轨之后的借口是："工作压力太大，要找个地方释放压力。"释放压力的方式有很多，为什么非要出轨？找这种借口的男人其实还是为了满足自己的私欲，最终迷失了方向。

5. 生活太平淡，我想找点刺激

有些男人出轨的借口是：婚姻过得太平淡，想去外面找新鲜感、刺激感。面对妻子的质问，反而推卸责任，说妻子不会经营婚姻。婚姻的平淡不是男人出轨的理由，经营婚姻也需要夫妻共同去做。

6. 我对你没有感情了

很多男人出轨后，总会来上这样一句话："我对你没有感情了，我对情人是真爱。"想要以此来减少自己的罪恶感。如果妻子信以为真，就会默默地难过好久，可是，既然没感情了，为何不离婚？吃着碗里的看着锅里的，哪儿有这么便宜的好事？

7. 情人比你更懂我，更体贴

有些男人在和妻子发生矛盾之后会选择出轨，面对第三者的"温柔"对待，用来和妻子做对比，觉得对方更体贴、更温柔。事实上，第三者真的有那么体贴可人吗？每个人都心知肚明。

8. 我就是玩玩，不会付出真感情

有些男人出轨后，不知道是自我安慰，还是想给妻子打一个幌子，总认为出轨就是玩玩，好像只要自己不付出感情，对家庭和妻子就不会造成伤害。关键是你开心了，凭什么却让妻子去承受这种痛苦？

9. 你太能干，我没有存在感

有些男人出轨的借口是嫌妻子比他能干，觉得自己在家里没地位，没机会去体现自己的大男人气概。找个小鸟依人型的出轨对象，就能找到自己的存在感了？不是的。如果男人的能力很强，妻子还会愿意抛头露面吗？

10. 工作应酬需要

有些男人抵制诱惑的能力差，会以工作之名，满足自己的私欲。其实，提高自律性，主动抵挡来自各方面的诱惑，才是男人做人的根本。

五、少些隐瞒，对妻子诚实以待

坦诚相待是一种生活态度，更是一种高尚品格。在现实生活中，夫妻一定要坚持这样一种态度。但是夫妻间的坦诚也是一门艺术，坦诚相待需要被尊重、被包容、被理解。

学生时代，我看过一本《西方短篇小说集》，其中的一个故事给我留下了深刻的印象。

珍妮的老公有着不错的事业，人前他们也是一对幸福的夫妻，珍妮每周都会坐火车去乡下看望祖母。可是，珍妮并不是真的去看望祖母，而是去与情人幽会了。这次，情人送给她一件狐狸毛做的大衣。

　　回家的车上,珍妮一直在想,如何跟老公交代这件衣服的来历。祖母送的?不行!她一直告诉老公,祖母生活很困窘。自己买的?更行不通。下火车后,珍妮看到路边有一家典当行,突然有了主意。

　　晚上,珍妮回到家,把手提包放在桌上。晚饭时,她从包里翻出一张纸条,对老公说:"亲爱的,我在车上捡到一张纸条,好像是典当行的。"

　　老公接过来,看了下,说:"没错,不过纸条上没写抵押了什么,也没有名字,那就是说任何人拿着这张纸条都可以把东西领走。再说,金额也不多,估计不是什么值钱的东西。"夫妻两人商量了一阵,决定由老公第二天上班时把东西取回来,因为典当行离他上班的地方不远。

　　第二天晚上,珍妮满心欢喜地等待老公把那件心爱的大衣带回来。老公回来了,神情很激动,拉着她走到大衣镜前:"亲爱的,闭上眼睛,我给你看样好东西。"

　　珍妮想象着大衣披上身的感觉,却感到一个滑溜溜的东西落到她的脖子上。睁开眼睛,她发现,眼前只是一条不起眼的狐狸毛做的围脖。老公在她耳边说:"亲爱的,你瞧,多漂亮的围脖!"

　　珍妮感到很郁闷,但又不能说什么。她想,一定是典当行老板耍了花招。因为她那天进了典当行,要求老板开具无名纸条,不写抵押什么,也不写抵押人名字,只写抵押东西,价钱也非常低。当时,老板狐疑地盯着她,打量了她半天,最后确信她不是在开玩笑,才达成了交易。

　　珍妮心想,一定要抽个时间去典当行找那个老板算账。几天之后,珍妮外出办事,顺路去典当行。经过老公的公司时她就想,自己很长时间没到老公的公司了,去看一眼。一进公司,就迎面看到了老公的女秘书。

　　珍妮看到她,眼睛瞬间瞪圆:女秘书身上穿的大衣,正是情人送给她的那件!

故事里的珍妮和老公明明各有情人，但为什么两人又恪守婚姻的名分呢？很多名义上的婚姻，最开始的出发点就不是基于爱情，而是物质、家庭，看似门当户对，其实两个人是同床异梦，只是都善于隐忍，不吵不闹。这时候，如果男人有爱好、有追求，就会把全部心思放在事业上，把事业当成自己最爱的人，再也没精力考虑家里的纷争。如果有孩子，孩子就会成为两人最大的寄托，一切都是为了孩子，看着孩子成长，从中寻找生活的动力。反之，若男人看重物质，内心空虚，没有爱好，就会向第三方寻找精神寄托，情人的出现就迎合了这种需求。在情人出现后，有的男人会打破界限，向对方坦白；有的男人会选择隐瞒，就像故事里的珍妮老公。只是机关算尽太聪明，妻子同样在隐瞒。

婚姻是一座城，即使这座城很小很破败，也是遮风挡雨的地方。在风和日丽的日子里，婚姻这座小城也是风平浪静；一旦遇到狂风暴雨，对方能否和你坚守，都是个未知数。

遇到问题的时候，其实完全可以坦诚地告诉妻子。相信很多女人都会因为男人的坦诚而受到鼓舞和感激。

结婚十六年，岁月早磨掉了最初的激情。丽雅和老张两人握着手，就如同左手拉右手，谈话之间，除了孩子，别的话题不多。从哪天开始，老张开始频繁加班，丽雅已不记得。毕竟，关于老张可能会出轨的话题，在结婚之初她就给闺蜜打过包票，赌定谁都可能，但她老公不会，因为他很老实。

丽雅很能干，将家庭打理得井井有条，什么也不用老张操心，只把工资上交就行。老张出轨的消息传到她耳朵里时，她还以为是玩笑，直到看

见他点头承认,她才发了疯似的抽打他:"从什么时候开始的?"

"两年了。"老张低着头闷声说。两年前,孩子小升初,学业加重,丽雅把重心全部放在孩子身上。丽雅以为,家庭都是围着孩子转的,他们也不例外。可是丽雅忘了,夫妻之间除了孩子再无别的话题,正是夫妻关系最危机的时候。

老张出轨的女人是他的初恋,家里遇到事情,向他借钱,他怕跟丽雅解释不清,就隐瞒着没说。后来有几次,他想开口,但丽雅张口闭口都是孩子。老张的心慢慢地也就凉了。初恋和老张接触密切,老张在丽雅那里得不到的温情,在初恋那里得到了。丽雅不给老张机会,最终把老张推给了别人。

丽雅眼睛里容不下沙子,最终选择了离婚。

婚姻是一个大课堂,如何维护如何经营因人而异,有常规的答案,但没有绝对的包票。

在夫妻关系中,男人如果能将最真实的自我展示给女人,就能获得女人最高境界的爱戴与尊重,这是对真爱的演绎。假如在内心已经不爱对方了,但因为怕彼此伤害或其他原因而隐瞒内心的真实感受,演绎着同床异梦,这样的伤害才是最深的,这样的欺骗才是最大的。

爱就是爱,不爱就是不爱,坦诚地表达自己的内心感受,才是尊重对方的最明智举措。

六、完美婚姻，千万别少了"性"奋剂

生活有太多的变数，任何人都不知道明天的生活将会发生什么。结婚之前，我们都渴望婚姻，但在结婚后很多人又被婚姻所累。资料显示，很多新人在婚后第一年里都会出现上百次的离婚冲动。可见，想要获得幸福的婚姻实在不容易。

刘欣和老王是别人介绍认识的，两人交往了半年就结婚了，婚后一年生下孩子。婆婆过来带孩子，刘欣变成了职场妈妈。职场妈妈的辛苦相比全职妈妈，有过之而无不及。刘欣每天都在赶地铁上下班、赶着回家做饭、赶着陪娃带娃，可是即使如此，老王对她依然挑剔。

老王从来没有陪伴过老婆孩子，她病了是她的错，孩子病了也是她的错。老王对刘欣没有体谅、包容、理解，慢慢地，刘欣也就死心了，一个人担起生活重任。每次临睡前，老王都会一头扎进书房，深夜才进房睡觉。他们从分被子睡，到睡上下铺，再到分房睡，最后他彻底不碰她了。

没有爱情的婚姻不会有性生活，他们的婚姻更像合作伙伴，而不是夫妻。身体最不会撒谎，这也是无性婚姻的真正原因。刘欣没想过要离婚，毕竟孩子还小，需要一个完整的家。她和老王形成了一种默契：谁先遇到合适的人，另一个人就会成全对方，这段无性婚姻也就结束了。

从爱到不爱，只用了三年，余生还长，刘欣不知道自己还能在无性婚姻里撑多久。

虽然说"性爱"这个词难以启齿，说结婚为了性爱是低端粗俗的，但不可否认的是，由爱情到婚姻是离不开性的，不管是为了繁衍下一代，还是为了满足彼此的生理需要。

性生活是情感的一种表达，夫妻关系好了，夫妻就会相互配合；而性生活不和谐，出轨的概率就会增加。通常，一旦开始外出寻欢，婚姻也就有了破裂的开端。

王洁和杜凡是大学同学，三年的大学恋爱是他们人生中最浪漫的时光。毕业后，两人很快就结婚了。刚结婚那会儿，两人相亲相爱，整天沉浸在浪漫的二人世界。他们最爱做的事情，就是在日历上画"玫瑰"标志，这是他们之间的性爱暗语。结婚第二年，儿子出生。

时间匆匆而过，一转眼儿子已经八岁，两人开始出现矛盾。繁忙的工作，无休止的应酬，杜凡经常半夜回家，即使回家早，也是捧着手机或拿着遥控器不放，对老婆的话也是简单的"嗯""好""行"。家务活从不插手，甚至离孩子也越来越远。

王洁尝试与他交流，结婚纪念日，还让他买礼物给她。他却说，老夫老妻了还搞那么多事。于是，两人开始争执，有时候甚至连续几天都不说话，日历上的"玫瑰"渐渐失去了踪迹。

看到老公对自己这样，王洁多次与之争吵，甚至以离婚相要挟，谁知杜凡却欣然同意。王洁陷入绝境，最后居然请了私家侦探来调查老公。最后，王洁终于找到了原因：为了照顾儿子，自己和老公分床八年，造成了

"无性婚姻",虽然老公没提意见,但随着事业稳固,空闲时间渐多,"无性婚姻"逐渐成为两人之间最大的弊端。

婚姻是一辈子的事情,婚姻离不开性。两个人的性生活不和谐,婚姻肯定无法持久。

无性婚姻之所以让人痛苦,是因为它违背了婚姻存在的价值与意义。当然,婚姻并不完全只是为了满足身体上的欲望,但婚姻中肯定不能完全没有性生活,否则婚姻的河床会枯竭,婚姻的花朵也会枯萎。

不仅女人无法容忍老公不跟自己过夫妻生活,男人也非常苦恼妻子在那方面不够积极主动。很多女人在生完孩子之后,会减少跟老公过夫妻生活的频率。因为女人要忙着照顾孩子,腾不出时间和精力。这也是很多男人会在女人怀孕期间或女人生完孩子后出轨的重要原因。

婚姻中,如果性生活不和谐或得不到满足,就可能出轨。无性婚姻最残忍的地方在于剥夺了夫妻之间正常的身心交流。婚姻是两个人相濡以沫,彼此需要,彼此依赖。事实证明,要想直观地看出伴侣对你是否充满了爱意,只要看对方愿不愿意和你同床共枕即可。

如果男人不爱女人,肯定连碰都不愿意碰女人,更不可能和她发生关系。只有真正爱对方,才会时刻惦记着要和她做快乐的事。

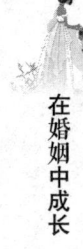

七、别试图用"性惩罚"解决矛盾

  性爱是夫妻生活中不可缺少的重要组成部分,性生活的质量关系到双方感情交流的深度,也直接影响双方的精神、心理状态。夫妻在不同年龄阶段的性要求虽然存在着差别,但依然需要保持协调一致,互相体贴,否则就无法保证家庭的和睦。

  人类的性行为是复杂的,不能单纯地理解为性生理器官的本能反应,思维、语言、情感、意识形态和个性等社会心理因素都对人的性行为有重要影响。性生活是夫妻感情的一种体现,毫无感情的夫妇很难有和谐的性生活。有感情基础,有和谐性生活的夫妻,就应该珍惜这种感情与和谐,不要为了达到某种目的,人为地去破坏它。

  在现实生活中,绝大多数人都能正确对待夫妻之间的性差异,并设法让其得到调整。夫妻一方有意或无意地把拒绝性生活作为处罚配偶的手段,只能破坏婚姻,断送良好的情感,最终造成严重恶果。

  婚内性生活的终止,还能迫使受制约的一方转向婚外途径,寻求解决性饥饿的替身,演变为道德败坏,引发各种社会问题。切记用"性惩罚"来对付配偶,那样只会彻底破坏夫妻的感情与婚姻,切勿轻易出此下策,以免铸成大错而遗憾终生。

半年前，男人与女人买电脑时发生了争吵。女人认为家庭经济较紧张，暂时不买，但男人不听劝，将家中仅有的积蓄都花在了购置电脑上。女人一气之下连着三个星期都不与老公说话，并用拒绝过性生活来"惩治"他。

尽管老公说了许多好话，并主动承担了做饭洗涮等家务，但她仍不依不饶，对他不冷不热。后来，当女人气全消了，却发现老公似乎变了，变得孤僻、冷淡，对夫妻生活越来越不感兴趣；有时勉强从事，也令她十分失望。过去那种充满阳刚的男子汉气质无影无踪，夫妻感情蒙上了一层难以拂去的阴影……

这就是"性惩罚"带来的后果。

夫妻性生活是维系双方感情的重要纽带，和谐美满的性生活对双方身心健康都有益处。但性生活不是一种施舍，也不是一种交易，它是男女双方都需要的一种感情交流。

从责任和义务来说，夫妻都应该维护这一个对家庭起稳定作用的"基石"。如果一方以"性惩罚"来教训另一方，不仅会影响家庭和睦，还会给对方的性心理留下阴影，引起对方性功能抑制和障碍，从而导致"性趣"消失或性快感明显减退，比如，男人可能出现阳痿或早泄，女子可能出现"性冷淡"等。

女人对"性拒绝"异常敏感，即使夫妻言归于好，男人解除"性封锁"后，有些女人也无法消除性功能抑制和障碍。用这种方式对待妻子，会使她们感到性情抑郁、垂头丧气、担心、委屈……严重的还会导致婚姻的解体。夫妻之间的矛盾在所难免，需要多一分宽容，多一分理解，千万不要进行"性惩罚"。

　　老公想让小蕾辞职回家做全职太太，但小蕾不想放弃喜欢的工作。争执之后，为了照顾孩子，最终老公妥协，但小蕾明显感到了他的不快。

　　好不容易等到老公晚上回来，小蕾精心洗浴一番，换上性感的睡衣，幻想着老公在看到她留的纸条"饭在桌上，我在床上"之后笑眯眯地摸上床。可是，老公却背对着她躺了下来。她主动将一只手搭在他的身上，但他却朝外翻了翻身，将她的手甩脱了。

　　小蕾以为这只是男人的小性子，过几天就好了。但她发现，事情并没有想象的那么简单。老公居然变成了清心寡欲的柳下惠：每天都很晚到家，睡觉时两人中间就像隔了千山万岭……

　　小蕾用各种方式暗示他，但他的性欲似乎就像被蒸发掉了一样。小蕾备受挫折，从此便跟老公分床睡，自己跟着孩子睡。等老公想要跟小蕾做爱时，她已经没有了一点兴趣。

　　过去很长一段时间，性惩罚都是女人的专利。那时候，女人不掌握家里的财政大权，而性就成了女人能掌握的最优质的婚内资源。逼急了，女人就会拿性来惩罚一下不听话的男人，也在情理之中。所以，在婚姻里运用性惩罚也就成了"性爱交换意识"的体现，多少有些无奈的意味。

　　可是，性惩罚并不能真正解决夫妻之间的矛盾，即使一时奏效，也会埋下长久的隐患。尤其对于男人来说，经常压抑自己的性欲来惩罚伴侣，可能会患上性压抑，并影响多种器官功能障碍，引起失眠、乏力、食欲不振、记忆减退等症状。时间长了，男人的欲望还可能逐渐减退，乃至造成心理阳痿。

　　在感情上，被惩罚的一方会认为：你用性来控制我，而不是用更和平、更理性的方式，你不尊重我，也不尊重婚姻。同时，把性当成一种交易和工具，还会伤害自己，很容易造成性冷淡和性爱的异化倾向。久而久之，一方就会觉得：我在这种性爱中没有感受到快乐，只是付出。如此，很容易影响夫妻之间的感情，为第三者插足留下可乘之机。

男人篇

第八章　和谐家庭

一、遇事有主见

没有主见、没有想法的男人,是典型的"妈宝男"!他们就像没有断奶的孩子,不管什么事,都是老妈说得对,都按照老妈的意见来,自己毫无想法与主见。跟这样的男人在一起,女人会觉得自己找的不是老公,而是养了一个儿子。跟这样的母子在一起生活,女人总会受到婆婆的排挤,一旦发生婆媳矛盾,男人只会站在婆婆一边,并不会站出来维护女人。这样的男人,没有女人能受得了。长期的婚姻生活,只会让女人感到疲累,谈何幸福!

李华和老公结婚八年,由于老公没有主见,生活琐事经常会成为争吵的导火线,家里整日都是烟雾弥漫。

比如,吃饭的时候问他想吃什么,老公总说"随便";一起出游问他想去哪儿,老公总说"你决定";甚至两个人吵架,他也只会向朋友求助,连当初的求婚都是在朋友的策划下完成的。

恋爱的时候,李华也发现了这些问题,可总觉得这些都是小事,为了爱情,忍忍也就过了。直到孩子出生,李华才意识到这不是小事,老公这样的性格,根本就无法教育好孩子。比如,孩子跟其他孩子发生了矛盾或打架了,回来跟他哭诉,他就会大手一挥,说"找你妈去";学校开家长会，老师问他是如何教育孩子的，结果他支支吾吾了半天，什么都讲不出来。

看到这样的男人，有些人可能会认为，他们还不成熟，像个孩子，需要女人耐心教导。可是要知道，作为成年人，没有人会教导你如何做人、做事。处于成年人的年纪，却没有成年人的思想，更不会辨别是非，不懂判断对错，只能毁了妻子，毁了婚姻。喜欢听取别人的意见、没有一点主见的男人，只会造成婚姻的不幸。

女人与男人经由相亲认识，女人长得很漂亮，在一家超市做收银员；男人是一名中学老师，工作稳定，备受羡慕。男人性情温和，对女人很体贴，婚后两人的感情非常好，是众人口中最恩爱的一对小夫妻。可是好景不长，结婚还不到两年，两人就开始闹离婚了——确切地说，是女人单方面要离婚，因为男人毫无主见。

女人性格开朗，为人和善，喜欢热闹，与很多年轻人都是好朋友，有男有女。婆婆看不惯，经常在背后当着儿子的面抱怨，对女人指指点点，嫌她性情太张扬，嫌她总是跟外人开玩笑，甚至还撺掇儿子对她严加管教。

男人是典型的"妈宝男"，对妈妈的话从来不敢违背，简直就是言听计从。于是，婆媳矛盾出现。虽然男人很疼爱女人，但还是将老妈的话当作圣旨。时间长了，女人觉得生活很压抑，觉得老公简直就是婆婆的傀儡。跟婆婆分家无果后，果断提出了离婚。

婚姻的经营就如同盖房子，没有地基或地基不牢，总有一天会倒塌，

该地基就是夫妻之间的"爱"。

没有主见的男人,做事总想附和别人,没有自己的想法,过一天算一天。表面上看起来很容易与人相处,跟谁都能打成一片,其实没有真心朋友,是典型的墙头草。他们做事犹豫不决,想得太多,做事不果断,忧虑重重。即使不喜欢工作,也要坚持,因为担心找不到更好的工作。爱情不满意,也要将就……他们似乎忍耐力很强,但这样的忍耐,却让女人受不了。最重要的是,这种男人喜欢听取别人的意见,对别人的意见一律全收。

没主见的男人,想做一件事,犹犹豫豫,时间在犹豫之间耗去,事情也就随之搁置了;

没主见的男人,遇到一个机遇,会反复琢磨要不要抓住,等他琢磨好了,机遇也就溜走了;

没主见的男人,不管做什么事情,总喜欢拖拖拉拉,最后什么事情都做不了;

与没主见的男人结婚,即使没有其他人的干扰,在事业、家庭、教育孩子等问题上,也都不能做得很好。

没有主见的男人,婚姻注定不会幸福。

没有主见的男人,他们的爱很容易受到别人的影响,甚至不会思考爱是什么。跟这样的男人结婚,女人会感到很累。男人一定要记住,要想让自己的婚姻幸福,就要有自己的思想,善于思考,不能总由别人说了算。

二、适当的"妻管严"没什么不好的

爱情就像一杯酒,时间越久,味道越香;婚姻就像酿酒的过程,只有持续酿造新的爱,婚姻才能有滋有味。妻子喜欢管教老公,并不是胡搅蛮缠,多数时候还是为了老公好。跟没人管比起来,大多数男人还是愿意接受妻子管束的,因为这代表了妻子对老公的关心和爱。如果妻子懒得理你,自然也就不会管你了。从这一点来看,适当的"妻管严"其实也不是不好。

在家人眼中,李威是个地地道道的好男人,不喝酒,不抽烟,听妻子的话。老同学曾嘲笑李威,说:"真窝囊,简直就是'妻管严'。"可是,李威却这样回答:"不怕老婆的男人不是好男人,不服老婆管的男人不是好男人。"

说起"妻管严",好面子的男人一般都不喜欢别人这样评价自己,因为这样似乎意味着自己在家里没地位,受老婆管束,不管什么事情都要由老婆拍板。可是,随着时代的发展,怕老婆逐渐变成一种爱老婆的重要体现。《爱情公寓》曾小贤的扮演者陈赫曾说:"我不是怕老婆,是尊重老婆、爱老婆。老婆娶回家是用来疼的。"这类男人口中所说的"怕",不是

逃避，而是责任、理解与宽容，更是一种深情的爱。

接受老婆的管教，是一种君子风范，是对老婆的尊重和谦让，是一种爱的特别表白。现实中，能够心甘情愿地做一个"妻管严"的男人并不多，数据显示：能主动承认自己"怕老婆"的人，年龄越大，比例越高；而小于35岁的男人，如果妻子不在身边，能坦承自己是"妻管严"的不足10%。而同样的问题在女人的答案里则正好相反，90%以上的妻子都说家庭事务自己有100%的决定权，甚至根本就不用跟老公商量。

在"大男子主义"日渐没落而"女王"势力日渐强势的今天，男人有点"妻管严"也没什么不好，起码还有以下一些好处：

1. 培养好的生活习惯

女人通常都反感男人抽烟、喝酒等不良生活嗜好，在女人的严格管制下，男人就能成功戒烟、控酒，把不良的生活嗜好逐一改掉，养成良好的生活习惯，保持身心的健康。

2. 做家务锻炼身体

婚后多数男人都不会早起晨练或主动运动，除非是退休后把锻炼当成延长自己寿命的老人。而"妻管严"的男人则不同。不能晚上熬夜到很晚，不能平时只工作不休息，甚至要在妻子的督促下做家务或者做运动，绝对是养好身体的有效生活方式。

3. 有更多的时间休息

女人管得严，男人的外面应酬就会减少，不仅可以减少额外的开销，减少酒精对自己的侵蚀，还能回家多陪陪女人。根据女人的生物钟做好调整，绝对能有足够的睡眠时间，让自己得到充足的休息。

4.不用事事操心做决定

"妻管严"老公的最大好处是,家庭事务无论大小都不用自己劳神费力地处理,一切听老婆的意见,自己很省事。要知道,家务事也是杂乱的,而且很麻烦。

5.减少家庭纷争

"妻管严"老公的最大优点是,跟老婆"不争""不抢""不对抗",在与老婆多次的交锋中他们会渐渐明白一个道理:跟妻子没什么可计较的。如此,就能减少家庭争吵,保持和谐的家庭氛围。

三、别为了赚钱,忽视了家庭

从古至今,家庭的重担一般都落在男人身上。男人比女人更希望用事业来证明自己,更希望给女人提供足够的物质基础,给孩子创造更好的成长环境……然而,在女人的思维里,很多时候她们想要的不是家财万贯,而是一个知冷知热的人。

对于婚姻中的女人来说,钱再多,也买不来生病时床边的守候;钱再好,也买不来他的关心。虽说物质生活决定爱情生活,但在婚姻里,讲究的是物质与爱情的平衡。只顾着打拼事业,而忽视了家庭,女人很可能会在期盼中慢慢对男人失去热情。一旦沉浸于"丧偶式"婚姻,女人就会感到心灰意冷,一走了之。

咪咪今年二十八岁,同龄人都在辛苦赚钱还贷时,她已经有房有车。老公在一家上市企业做高管,年薪百万,但咪咪过得并不开心。

老公是个工作狂,婚后依然没有改变,每天加班到凌晨。对于这些事情,咪咪婚前就知道,甚至还很佩服老公这一点,可是结婚之后,她就受不了了。为了弥补咪咪,老公一个月前就许诺一定陪她过生日。

生日这一天,咪咪买好生日蛋糕,做了一桌好菜,开了一瓶好酒,满心期待。可是,老公依然没有按时回家,晚上十点打来电话:"亲爱的,晚上我要陪一位很重要的客户,不能陪你过生日了,你自己吃吧。"

期待很久的生日晚餐泡汤,咪咪发疯一样吼道:"是客户重要,还是我重要!"

老公生气地回复:"吼什么?现在、此刻,当然是客户更重要!"

咪咪一下子蒙了:"对于你来说,我到底算什么?"

老公劝慰说:"别闹了,目前我的事业最重要,以后我会慢慢补偿你。"

咪咪有些迷茫,虽然有房有车,可是嫁给一个事业心很强的男人,真的幸福吗?

没有事业心的男人不可靠,但事业心强到忽略女人,也没法过日子。女人要嫁的是这个男人,而不是"年薪百万"。爱,是一种陪伴。只有男人在身边,"年薪百万"才和女人有关。一旦工作占据了男人的一切,爱情包含的精神因素也会羞涩地退于一隅。

在很多人眼中,家庭似乎只是茶余饭后的一项可口可乐似的消遣,永远成不了他们心中的正餐。但是,对于女人来说,家,并不需要多大、多华丽,只要是精心营造的避风港湾即可。

任何女人都不希望自己的家被冰凉的家具塞满，却找不到一丝丝的真爱。既然爱她，无论多忙，也要抽时间见见她，毕竟，与爱人在一起是件很开心的事。经常以"工作忙"为借口的男人，只能让女人觉得男人并不在意她，无论理由多充足，她都可能心灰意冷，两人之间的亲密关系也将不复存在。

生活中，经常会听到女人这样抱怨："不知从什么时候起加班好像成了他工作的家常便饭，对老板提出的任何要求，都会通过加班搞定，都能借口应承下来，根本不管是否占用了自己大量的私人时间。最可恨的是，如果你向他抱怨，他还振振有词地说'我还不是为了你'，好像加班费就能买断两人之间的幸福似的。"

不可否认，大多数男人都想干一番大事业，但是当男人把自己的全部精力都投入事业上去的时候，人生的另一方面——家庭与爱情就会受到很大影响。

有位已婚二十年的男人，谈起自己中年经历的一次婚姻危机，深为感慨。

婚姻的前十年，我满脑子想的都是工作。我整天想的都是自己的前途，只知道围着领导转，每天晚上都泡在办公室写材料，即使是节假日也要马不停蹄地奔忙。我没什么爱好，没有什么娱乐兴趣，最喜欢抽烟、喝酒、侃大山。工作之余，为了放松，我就会找些朋友、同事做这些事。

为了应酬，我回家吃晚饭的时间越来越少，根本没有时间陪妻子和孩子，即使被他们缠住，有时候被迫一起出去游玩，也是心不在焉，让他们自己去玩，我则找个没人的地方抽烟，考虑工作上的事情。我回家的最大

享受不是沐浴温情,而是放松四肢睡大觉,因为我确实很累。

我没有时间顾及妻子与孩子的情感需要,虽然有时也觉得在感情上亏待了他们,但转而一想,我这么努力也是为了他们,再过几年混出个人样来就好了。同时,孩子有妻子照顾,家里有妻子照料,妻子不愁吃不缺钱,她还有什么不满足?

可是,随着时光的推移,我发现妻子不再唠叨了,也很少抱怨了。孩子长大了,不需要她操多少心了,她有了外遇,后来又想跟我离婚。我搞不明白了,我在外面辛苦打江山,为她创造舒适的生活环境,她怎么舍得丢掉这一切?

她的回答却是:你太自私,我已经无法忍受你对我们娘俩儿的冷漠,我需要温情,跟你在一起生活无聊、乏味。你的努力只能带给我虚荣,而虚荣对我来说一文不值。我需要体贴、关怀和爱,这些正好是你欠缺的。你只是一台工作的机器,我没想跟你过不去,只是想找到我应该得到的东西。

这就是没有处理好工作、爱情和家庭的关系造成的后果。

女人一般都不想嫁给一台只会赚钱的机器,而男人也不愿有"输了你,赢了世界又如何"的感慨。男人都想一面开创事业,一面享受生活。成功的人生是全面发展的人生,是全面走向自我实现的人生。因此,既要搞好自己的事业,又要处理好爱情与事业的关系,让爱情成为事业的推动力,让事业成为爱情的结晶。

四、读懂妻子，从听懂她的抱怨开始

结婚后男人都会面临着角色的转变，经常遇到的一个棘手问题是：不知道如何处理妻子的抱怨。

在很多男人眼里，妻子的抱怨是无理取闹或不理解自己，最终他们会采取不恰当的方式，让夫妻间的误会升级，进而引发更大的矛盾，使得家无宁日，严重的还会影响到工作。出现这种情况的原因有很多，除了男人和女人先天在心理上和生理上的差别之外，现代人对于恋爱以及结婚的态度转变也是导致婚后问题丛生的主要原因。

有一对夫妻，两人是大学同学，自由恋爱结婚，感情基础很深。可是在婚后依然出现了感情危机，尤其是在有了孩子之后，更是三天一小吵，五天一大吵，几乎闹到了离婚的地步。究其原因则是：老公忽视了妻子的抱怨，不管每次妻子说什么，他都敷衍了事，我行我素，从不改正。妻子觉得老公不尊重自己，心里不痛快，一有机会就会和对方吵架。

其实，无论是老公还是妻子，没有人愿意让自己的婚姻中弥漫着硝烟的味道，都希望下班后回到家，能够开开心心地享受甜蜜时光。老公耐心聆听妻子的抱怨，读懂妻子抱怨背后的那份期盼，夫妻之间的误会就不

会日积月累下去；而妻子只要在恰当的时候用恰当的方式来表达自己的不满，而不是一味地指责，对方就不会抵触，就有利于问题的解决。幸福美满的婚姻源自双方共同的努力，善于表达，乐于倾听，勇于改变，才能让感情生活始终保持新鲜，而不会走向枯萎。

随着生活节奏的加快，如今，越来越多的人都用相亲这种方式来结识自己的另外一半，往往认识了几个月就开始谈婚论嫁，迈步走进婚姻殿堂，而对彼此的了解往往只停留在表面。可在结婚后真正相处起来，才会慢慢发现对方身上存在的种种问题，相比之下，多数男人会保持沉默，接受现实，而女人则会努力纠正老公身上存在的问题。抱怨产生，家庭矛盾自此出现。

小张是个90后，和女朋友恋爱了三年，终于修成正果，领证结婚。可婚后生活却不像他想象的那么美好，反而充满了各种矛盾。

平心而论，小张对待妻子十分上心，平时打电话说话都是细声细语，哄着妻子高兴；结婚后就上交了自己的工资卡。可是即使这样，妻子依然嫌小张对自己不关心。

小张也很苦恼，于是向身边的同事倾诉。同事听了他的经历，笑着说道，女人和男人不一样，男人只关心原则性问题，而女人则比较看重细节。而且女人的抱怨往往是情绪性的，并不是真的需要你去帮她解决什么问题。

听了同事的话，小张反思了自己和妻子的相处经历，虽然他对妻子生活上关怀备至，可很多时候他对于妻子的抱怨，却总是当作耳旁风，总觉得妻子是小题大做，甚至是故意刁难自己。也许妻子只是下意识地想和自己分享当时的情绪，只要自己及时进行反馈，表示出对妻子的理解和关怀，那么自己和妻子之间也就不会有那么多的争执了。

女人的抱怨通常只是为了表达自己的情绪，没有责备的意思。那么，女人究竟为何抱怨呢？她们总会抱怨什么？

1. 你每天怎么这么忙？

当女人说出这句话的时候，很多男人会理解为，女人不理解自己在做什么，甚至会认为女人觉得自己做的事情没价值、没必要，在否定自己所做的事情和努力。其实，女人在说这句话的时候，是觉得男人陪她的时间比较少，觉得自己被冷落了。这时，男人最好不要做出任何的解释和反驳，否则只会让女人的情绪更加强烈。只要走到她的身边，给她一个深情的拥抱，陪她聊聊天，情绪过了，自然就好了。

2. 家里总是这么乱！

当女人说出这样抱怨的话的时候，很多男人都会想，我每天要做很多事情，这些细节根本就没有办法做得细致，男人本身就不如女人心细。其实，这样分析也没有问题，但是更要记住：女人抱怨多半都是为了表达情绪，并不是真的因为目前的事情。如果想合理地处理这件事，就可以先把手上的事情放一放，跟女人一起收拾，同时找一些可以缓和女人心烦情绪的话来说。

3. 你做事能不能认真一点？

听到女人这样说，多数男人的第一反应就是想要反驳："我怎么不认真了？"或者说"只要能达到目的，认真与否并不关键，在乎那些细节有什么意义？"而实际上，女人在说出这句话的时候，并不想真正责备，也不想和男人理论什么，只是认为：男人做得不好，影响到了她自己的心情，她需要表达。这时候，男人只要道个歉，象征性地帮女人整理就行

了。当男人这样做时,多数情况下女人的情绪已经过了,会说:"用不着你,别给我添乱就行。"之后,男人道声辛苦,说点情话,抱怨也就消失了。

4. 你变了,你不爱我了!

很多女人都说过这句话。当男人专注于某件事的时候,多数都感受不到女人的存在,女人就会觉得自己被冷落了,想要通过这句话来确定男人是否真的在乎自己。听到这句话,男人找一大堆依据来论证自己很爱她,甚至觉得女人在无理取闹,只能是将本来很简单的事情搞复杂,甚至演变成一次吵架。这时,男人要做的就是,安抚女人的情绪,拿出部分时间来陪伴她。

5. 太累了,明天不想去上班!

当女人说出这句话的时候,多数男人都不会信以为真,但处理方法未必理想,很多男人都会说:"再累也得去呀,生活不容易啊!""忍忍吧,都不容易!"……但是,对女人来说,一点用都没有,甚至会让她反感。女人不是不懂道理,她想说的只是:我很累,不想去上班。只是用语言表达了自己累的程度。这时男人完全可以这样说:"你的工作太辛苦,累了咱们就不去了,请一天假,好好在家休息一天!"相信听到男人这么说,女人的累意已经少一半了;之后,再听女人抱怨一会儿她的工作,相信女人就会喜笑颜开了。

五、别为事业，将孩子扔给妻子

在平常的生活中，很多家庭都会遇到这种情况：丈夫面临一份薪资更高的工作，会以牺牲家庭的代价来换取。在很多人的眼里，这样做无可厚非，且天经地义，觉得男人要做的事情就是养家糊口，赚更多的钱。但是，这样做虽然短时间来看，男人能获得更多的利益和经济回报，但从长远来看，其实是在给自己和家庭挖坑，并留下隐患。

小张大学毕业后，应聘到本地的一家公司，可是本地发展有限，月工资几千。孩子出生后，家庭负担加重，小张将照顾孩子的重任全部扔给妻子，自己去了上海。自此，对孩子的事情就不太上心了，一周才给家里打一个电话，有时甚至两三个月才回一次家。

在外人眼里，小张工资高，又不在家里添乱，上哪儿找这样的好事！但是，小张的妻子却知道这样到底有多难受！家里的大小事情，都由妻子打理，不仅要处理与婆婆、亲人的关系，还要关注照顾孩子的教育问题，妻子觉得有些不堪重负。

本应是两个人一起分担的事情，全都交给妻子一个人，妻子的心理压

力就会感到非常大。缺少了老公的支持和鼓励，即使再坚强的女人也会有倒下的一天。另外，在孩子小的时候，父亲对孩子的教育至关重要，是母亲无法替代的。为人父者不在身边，孩子的内心就会感到更多的失望。

事业是男人的一张名片，为了让这张名片更有含金量，很多男人都会倾尽更多的心血和经历，打拼事业。尽管步入婚姻后，男人所感受到的家庭压力比女人大，但是为了事业而拼搏，将孩子扔给妻子，冷落孩子，也是不对的。有一位女士曾发出这样的疑问：

儿子今年才读初中一年级，已经是第二次谈恋爱了，恋爱的对象是班里追了他很久的女孩，我也没见过。周末一早，儿子就跟"女朋友"出去约会了，完全不顾我的强烈反对。

中午，我在家里烧了一桌子菜，一个人冷清地坐着吃。一个人的周末，觉得时间走得特别慢，拨通手机，给老公打电话，看他在另一个城市做什么。老公是一家外企高管，经常变换工作城市，两年前工作调动，他去了广州，每月只能回家一次，老人、孩子都由我一人照顾。

将儿子早恋的事告诉老公，原以为他会站在我的角度，帮忙想个解决办法。没想到他根本不当一回事，反倒劝我说，这个年代的孩子跟我们那个年代不同，孩子大了，应该任由他自己发展，做父母的要多给予理解。

我听了一肚子火，对他来说，他对这个家的支持大概只有钱，孩子从出生到现在，他什么都没管过，孩子初中就早恋，他也若无其事、漠不关心。难道孩子是我一个人的？虽然孩子生活在正常家庭，但长年见不到他，有父亲跟没父亲有什么区别？

孩子的教育需要夫妻两人共同努力。老公不能把工作上的劳累和生活经济的压力，作为自己不管孩子的借口。尽管有时候确实有些不凑巧和无奈，但时间长了，就只有一个原因，那就是男人认识和重视不足。

从本质上来说，管孩子和工作的压力是不同的。以共同参与孩子的成长为乐趣和职责，做这些事自然就不会成为工作劳累的叠加。

孩子的成长离不开父亲的参与，男人在外拼事业，却冷落了孩子，年迈时就会突然发现，自己辛辛苦苦为孩子打拼了一辈子，孩子却与自己不亲近。有时候，父亲在孩子童年投入多少爱，会演变成孩子在父亲年迈时反馈多少爱。

六、不要让家务困扰夫妻的情感

家，是用来放松的地方，如果因家务事影响到夫妻之间的感情，就有些得不偿失了。主动承担家庭事务的责任，是每一个丈夫的职责。很多妻子都有工作，在外面也很累，要学会心疼她。

梦凡今年四十二岁，有两个孩子，已婚十四年。按理说，这个岁数的人都是深陷家事，在生活的湍流里用力拼搏的状态。但梦凡每天都是如沐春风，精气十足，根本就不像一个为家事所累的主妇，跟老公感情也跟过去一样甜蜜。

朋友很羡慕，问她有什么秘诀。她说："哪有什么秘诀，就是觉着家

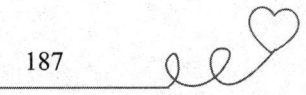

里人都挺好。"梦凡洗菜时,老公会在边上剁肉;梦凡炒菜时,老公会在一旁打下手,不是帮忙递东西,就是炒好菜主动来洗锅。

吃完饭,梦凡洗碗时,老公就扫地;衣服洗好了,女儿会立刻去晾;即使是小儿子,也挺听梦凡的安排,主动帮忙拿衣架。家里的每个人都在安然地做事,不管做多做少,难得的是都参与了。

很多家庭的日常模式是:女人或老辈人在忙碌,男人都在看手机;饭菜端上桌,男人便坐享其成;吃完饭,碗筷一推,心安理得地窝到沙发里玩手机。像梦凡一家这样共同参与家务的不是很多,或许,这也是梦凡家庭幸福的一个原因。

会做家务的男人不会把"我会一辈子对你负责"当作空话,而会落实在生活的点点滴滴中。男人主动做家务,更体现了家庭的责任心。

有很多苦,女人是不能也不愿跟老公说的。在妇女解放的今天,女人成了里里外外的一把手,男人要给她减轻压力,要给她营造一个轻松的生活氛围,让她对家产生眷恋。日常琐事虽不能带来幸福,却能给女人带来信心,增强相互之间的信任。在日复一日的满足中,夫妻就能使共同理想上升到最高境界。

1. 家务事不是女人的专利

虽然说很多家庭都是女主内、男主外,但家务并不是女人的专利,要想获得婚姻的幸福,夫妻就要一起来分担日常琐事。

现实生活中多数都是工薪家族,夫妻两人都要工作,必须学会科学地安排时间。时间是个定数,事业与家务之间发生的矛盾冲突,最主要的也是时间上的冲突。烦琐的家务,必然会占用一部分时间,合理地采用多功能劳动法,家务也就不是事儿了,比如,可以边做早餐边听新闻、边看电视边织毛衣、边洗衣服边背外语……如果条件允许，还可以尽力将家庭设施现代化些，如洗衣机、微波炉等，大大缩短做家务的时间，缓解时间上的矛盾。

家务劳动确实是一件比较琐碎的事务，一个人做起来，时间上再巧安排，也会花费时间和精力。所以，要合理地安排好家务。由此，完全可以把家庭成员都发动起来，相互配合、集体劳动，既可以培养子女的正确劳动观，又能避免一个人过度劳累而引起的精神和体力上的不适。比如，可以把做家务当作夫妻交流的平台，老公负责采购、洗碗，妻子主管烹调，孩子负责收拾饭桌、拖地板等，既有分工又有合作，逐渐养成习惯。

2. 以快乐的心态去面对家务

生活中，让男人去做家务，很多男人都会抱怨，比如，做饭时心里不是想着为爱人烹出美味佳肴，而是不停地讲："一起吃饭，凭什么我炒菜？"拖地洗衣服时，还唠叨："工作就累死我了，还要伺候你们……"劳动本来是赢得对方心理的最好语言，结果听了这些埋怨，只能让妻子不爽。要秉承"做了不说"的原则，让对方看在眼里。

乐观的丈夫通常都会以快乐的心态去享受做事的过程，视家务劳动为乐趣。下班后，要主动精神愉快地做家务，不要把它视为一种负担和苦役，而是作为一种锻炼身体的项目、一种事业上的调节、一种对妻子和子女支持自己事业的报答。调查证实，多重角色的男人心理最健康，因为工作中的压力可以在做家务时得到缓解，甚至家庭中的不愉快也能以工作得到转移，何乐而不为？

后 记

  哲学家周国平对婚姻有过精准的总结：婚姻有三种类型。第一种是以幻想和激情为基础的艺术型婚姻；第二种是以欺骗和容忍为基础的魔术型婚姻；第三种是以经验和方法为基础的技术型婚姻。爱情就像是标签，谈什么样的恋爱，也就选择了什么类型的婚姻。无论是盲目的，还是清醒的，爱情都会随时改变方向，甚至可以放弃；婚姻却没那么容易，总有不可预知的结局在前面等着你。

  问题不是让人变得无法幸福的原因，掩饰问题才是真实的原因所在。想要获得婚姻的幸福，就要从问题中去反思自己，并找到让自己成长的资源，而不是掩饰和回避问题。

  每个人都有幸福的权利，但只有少数人具备幸福的能力。从相爱到幸福的路，要经历一些挫败和失望，才能让自己在婚姻关系里重新看见自己，让自己有机会获得幸福的能力。

  在婚姻关系里，最可怕的不是关系出现问题，而是不断忽视出现的问题。问题是使幻想破灭的开始，也是重建自己能力的开端。不论是想通过婚姻来实现什么，想通过婚姻来掩饰什么，迟早都需要自己来负责。早一点开始，才不会让自己感到太无力！